子供とのかかわりに生かす
カウンセリング・テキスト

佐谷　力

ほんの森出版

目　次

①　カウンセリングの理論と技術

　　　はじめに ……………………………………………………6
Ⅰ　カウンセリングとは何か ………………………………11
Ⅱ　カウンセリングの展開 …………………………………14
　　1　＜悩みの発生＞ ……………………………………14
　　2　＜出会い＞ …………………………………………14
　　3　＜共感＞ ……………………………………………15
　　4　＜傾聴＞＜洞察＞ …………………………………15
　　5　＜終結＞ ……………………………………………16
Ⅲ　聴き方のいろいろ ………………………………………18
　　1　＜共感＞ ……………………………………………18
　　2　＜保証＞ ……………………………………………19
　　3　＜促し＞ ……………………………………………20
　　4　＜繰り返し＞ ………………………………………21
　　5　＜言い換え＞ ………………………………………22
　　6　＜要約＞ ……………………………………………23
　　7　＜明確化＞ …………………………………………24
　　8　＜沈黙＞ ……………………………………………26
　　9　＜質問＞ ……………………………………………27
　　10　【練習】への返答例 ………………………………28
Ⅳ　「聴き方」で大切なこと ………………………………30

- V 言葉以外で伝わるもの……………………………………33
  - 1 ＜クライエントから＞ ……………………………33
  - 2 ＜カウンセラーから＞ ……………………………35

- VI カウンセラーに必要なこと…………………………37
  - 1 ＜勉強すること＞ …………………………………37
  - 2 ＜自分を知ること＞ ………………………………37
  - 3 ＜スーパーバイザーを持つこと＞ ………………38
  - 4 ＜秘密を守ること＞ ………………………………38
  - 5 ＜環境を整えること＞ ……………………………39
  - 6 ＜ふりかえること＞ ………………………………39

- VII カウンセリングの実際 ……………………………41

- VIII カウンセリング用語 ………………………………51
  - 1 ＜カウンセリングマインド＞ ……………………51
  - 2 ＜動機づけ＞ ………………………………………51
  - 3 ＜危機介入＞ ………………………………………52
  - 4 ＜抵抗＞ ……………………………………………52
  - 5 ＜転移＞ ……………………………………………52
  - 6 ＜その他＞ …………………………………………54

2 人間関係に生かすカウンセリング

- I 生活に生かすカウンセリング ………………………57
  - 1 ＜身近な人間関係の中で生かす＞ ………………57
  - 2 ＜コミュニケーションのつまずき＞ ……………58

3 ＜まとめ＞ ……………………………………………………61

Ⅱ　学校に生かすカウンセリング ……………………………………63
　　　1 ＜対応の仕方Ⅰ＞ …………………………………………63
　　　2 ＜対応の仕方Ⅱ＞ …………………………………………71
　　　3 ＜叱ることについて＞ ……………………………………79

Ⅲ　ほめるということ …………………………………………………81
　　　1 ＜意欲を育てる＞ …………………………………………81
　　　2 ＜追認的なほめ方＞ ………………………………………82
　　　3 ＜ほめる側の感受性＞ ……………………………………85
　　　4 ＜開発的なほめ方＞ ………………………………………88
　　　5 ＜大人をほめる＞ …………………………………………89

Ⅳ　家庭に生かすカウンセリング ……………………………………90
　　　1 ＜母親と子供＞ ……………………………………………90
　　　2 ＜妻と母の間の夫＞ ………………………………………96

Ⅴ　子育てに生かすカウンセリング …………………………………102
　　　1 ＜共感性を育てる＞ ………………………………………102
　　　2 ＜エネルギーを与える＞ …………………………………105
　　　3 ＜価値観を押しつけない＞ ………………………………107
　　　4 ＜叱り方を考える＞ ………………………………………109
　　　5 ＜スーパーバイザーを持つ＞ ……………………………112

Ⅵ　子供とのかかわりチェック ………………………………………114

Ⅶ　子供とのかかわりのヒント ………………………………………122

1
カウンセリングの理論と技術

はじめに

　「物言わぬは腹ふくるるわざなり」といって、昔から言いたいことをがまんしているのは身体に悪いとされてきました。それは、もちろん心にも悪いことのようです。言いたいことも言えない、聴いてもらえないという思いは「心残り」や「しこり」となって心の中にたまっていき、いつしか身体や精神を病ませてしまう種となるかもしれません。

　昔話の中には、言いたいことを井戸に向かって大声で話して気を晴らすという場面が出てきます。相手が井戸でも、話せば少しはすっきりするのです。ましてや、人間に話せばもっとすっきりするはずです。

　ところが実際は、人に話してすっきりするということはそう多くはないのです。それは、相手が怒って言い返してくる、そのことをきっかけに人間関係がまずくなる、やっぱり本音を直接言うのはよくないと思う、などの経験をすることもあるからです。

　それではと、直接相手に言うのでなく第三者に話してみるとどうでしょう。あまり熱心に聴いてくれない、自分の話に

すり替えてしまう、気持ちを理解してもらえない、などの体験もします。

そして、多くの人は自分の話を熱心に最後まで聴いてくれる人を身近に持つことができないのです。

かつて、人々が村や集落単位で共同生活に近い形で暮らしていた頃、若者を初めとしたいろいろな人の悩みや相談を、受けてくれる人がいたようです。それは、人生経験も豊富で若者の幼さや未熟さを受け入れることのできる老人であることが多かったと思います。訪ねてきた人の話を時間をかけてゆっくり聴くことで、相手に元気を与えていたのではないでしょうか。

話すということには、「聴いてもらえた」という満足感や「すっきりした」という解放感があります。

例えば、自分の上役の課長を「気にくわない」と思っている人がいるとしましょう。ある日、その課長から「自分には責任のないことで注意されて」非常に腹が立っているとします。一人で考えていると、怒りや不満や言葉にならないいらいらが心の中で渦巻きます。やる気もなくなるし、会社もおもしろくなくなっていくでしょう。酒でも飲むか、スポーツでもするか、何か気分転換でも図る必要があります。

そこに、同じように課長を嫌っている同僚がいれば、話を聴いてもらうことができます。相手はもちろん一緒に怒ってくれるし、自分も課長に腹の立っていることを話してくれるでしょう。共に怒り、共に悪口を言い合って、一時的に憂さを晴らすことができます。そこに満足感や解放感もあります。

しかし、問題そのものはそのまま残っています。課長への不信感や憎しみは強くなっているでしょうし、それはそのまま会社での生活に不満と不安の影を落としています。
　それでは、誰か他の人がその人に対して「自分のしたことを考えさせてみよう」とすればどうでしょう。「あなたには本当に責任がなかったのか？」「課長の立場になってみなさい」と、説教や説得を始めることになります。しかしその人は、そう言われることで、「自分が悪かった」と反省するより、「自分が責められている」「理解されていない」と感じてしまい、かえって「私は悪くない」「悪いのは課長だ」という思いを強くするでしょう。必死にそれを訴えようとし、それがはねつけられるなら、心を閉ざしていくしかなくなるでしょう。それでも仕方なく「わかりました。これから気をつけます」と言ったとしても、わだかまりや不信は固いしこりとなって残り、やはりそのまま会社での生活に不満と不安の影を落としていきます。
　共に怒り、共に悪口を言い合って一緒に憂さ晴らしをするだけなら、満足感や解放感はあっても、課長への不満不信という問題自体の解決にはなりません。逆に、課長の立場に立った第三者から、一方的に説教されたり反省を求められたりするだけなら、かえって不満と反発心が増すばかりで、これも問題の解決にはほど遠いものです。
　「話す」ことで満足感や解放感を得るというだけではなく、自分を振り返り見つめ直し、やがてそれが自然に問題の解決へとつながっていくようになる、そういう「話す」を実現するためには、何が必要でしょうか。

それは、「良い聴き手」に出会うことです。

　このサラリーマンが、「事情は何も知らないけれど、気持ちを受け入れて聴いてくれる人」と出会えればどうでしょう。
　初めは、「自分に責任のないことで注意されて腹が立っている」という感情を伝えることになります。しかし、自分の気持ちを十分に理解してもらうためには、話のいきさつや課長とのやりとりを詳しく話さなければなりません。相手がうなづきながらじっくりと聴いてくれる様子であるなら、自分も落ち着いてきて、少しさかのぼってゆっくりと事情を語れるようになります。
　ここで、もし聴き手が、聴き手自身の経験や思い出を語り出したりすると、お互いにそれぞれの話の共通点を探したり話の筋道が次第にそれていったりして、あまり話の内容は深まっていきません。しかし、聴き手が自分の話の方に焦点をしぼりひたすら聴いてくれるのであれば、話はどんどん深まり進展していきます。
「だいたい、初めて顔を見たときから課長は気にくわなかったんです」
「どうして？」
「何かわからないけど……虫が好かないっていうか」
　そうして話していく中で、自分の心の中での課長への感情や、今回の出来事との関係や意味が整理されていきます。その上で、聴き手がしっかり受け止めてくれていると感じられれば、自分のしたこと、言ったことを振り返る余裕も生まれてくるかもしれません。「自分に責任のないこと」と思ってい

たものが、違った見方もできることに気づくかもしれません。なぜ自分が最初から課長を気にくわなかったのか、そういう自分の態度が課長の目にはどう映っただろうか、そういうことが考えられるようになるかもしれません。

　もちろん、簡単にはわからないこと、変わらないこともたくさんあります。話す本人にも自分で気づいていない感情とか、わざと考えるのを避けていることとか、どうしても言葉にならない思いとかがあります。うまく話が進まないまま、混乱したままで終わることもあります。そういう時にも、その聴き手が「あせらずにまた話を聴かせてよ」と言ってくれれば、その人はまた話をしに来たくなるでしょう。そのように話し続けることでその人は、会社での自分の生活のより良い変化の糸口を見つけていくでしょう。

　「話す」ことで、知らず知らず自分を振り返り、考え、問題解決への答えを自分自身で探り出していくことになるのです。

　「人は必ず成長し、答えを自分で見つけていく」。それを知っている聴き手、それが、カウンセラーです。

　そして、本当に相手を動かし育てていく助けとなるのは、「説得する」ことではなく、「受け入れて聴く」こと。これが、カウンセリングの原点です。

I　カウンセリングとは何か

　カウンセリングというのは、カウンセラー（相談を受ける人）が、クライエント（来談する人）の持っている悩みや問題について、互いの対話などによる心の交流を通じて、その悩みの解消や問題の解決への支援を行う過程のことです。

　最近では、カウンセリングという言葉も一般化してきて、物品の販売や説明をする人を「カウンセラー」と称したり、車や金融商品の販売対象の顧客のことを「クライエント」と呼んだりもしています。ここでは、そういうものは除いて考えます。

　また、カウンセリングと似た意味を持つものとして、心理療法・精神療法というものがあります（森田療法・行動療法・家族療法・精神分析など）が、これらもカウンセリングの中に含まれると考える立場はあるものの、ここではやはり除外して考えます。

　本書の目指すところは、専門的な知識と技術を身につけて治療的にクライエントに接する方法を学ぶことではなく、カウンセリングの基礎的な知識と技術について知ることで、それらを自分自身の仕事や日常生活の中の人間関係に生かしていけるようになることです。

　カウンセリングは「人生相談」と同じものではありません。「人生相談」や「悩みの相談」の担当者であれば、自分の過去の経験から様々な助言や提案をします。相談をした人は、

その教えられたことの中から自分の気に入ったことを（あるいは、気に入らないけれども仕方なく）実行していくことになりますが、相談をした人にとっては「教えてもらった」という意味あいが強く、自分自身が変化した・成長した、という印象はないと思います。

　カウンセリングでは、悩みの解決が「その人自身の変化や成長」につながり、生きる力が育つことを目指しています。だから「話す」ことも「考える」こともクライエント（来談者）中心に進められます。「人生相談」のようにカウンセラーが積極的に意見や助言を与えるのではなく、クライエント自身が考えて結論を出し、問題を乗り越えていくのを「見守る」のです。「クライエント自身の回復する力を信じる」ことが、カウンセリングの基本的な考え方です。

　ここでは、ロジャース（C. R. Rogers）の提唱した「来談者中心療法」（非指示的カウンセリング）を基本にカウンセリングの説明を進めていきます。

　このロジャースの理論は、第二次大戦後に日本に紹介され広く受け入れられました。しかし、この時「非指示」という言葉が非常に強調された意味でとらえられ、「何も助言しないことこそがよい援助」と考えられた面もあります。そのため、カウンセリングとは「何も意見を言わず、ただふんふんとうなずいていること」というように言われ、「専門的な知識や技術がなくてもできる」という理解となってしまった側面もあります。

　確かに、「来談者中心」や「非指示」にこだわり過ぎた対応の仕方のカウンセリングでは、次のようになります。

ク「私はやはり家を出るしかないでしょうか」
カ「家を出るしかないと考えていらっしゃいますか」
ク「どうしたらいいんでしょう」
カ「どうするべきか知りたいんですね」
ク「そうです。どう思いますか」
カ「私の意見を聞きたいと思ってらっしゃる」
ク「そうですよ。どうなんです」
カ「私が答えないことに不満を感じておられるのですね」

　これではクライエントを怒らせてしまったり、不信感を抱かれたりしても仕方がありません。適当なタイミングで適当な内容のヒントやアドバイスを出すことが、より良いカウンセリングの進行を助けることもあります。

　そこで、本書においては、「来談者中心療法」を基本としながらも「非指示」には特別こだわらずに考えていくこととします。

II　カウンセリングの展開

1 ＜悩みの発生＞

　まず、悩みや苦しみを持っていると感じている人がいること。自分が本当は、「このようにありたい」「こうしたい」と思っているのに、今の自分の状態はそうでないということに苦しんでいる。それを「自己不一致」の状態と言います。

　自分の本当の気持ちがわからないまま、今の自分は本当の姿ではないと感じている場合も含めて、何か不満や怒りや恐れが、心の中に生まれてきます。それが悩みの発生です。

2 ＜出会い＞

　悩みを抱えた人が、カウンセラーの所を訪ねます。クライエントとカウンセラーの出会いです。クライエントが自分の意思で望んでカウンセラーに会いに行くことが原則です。もちろん、電話の場合や手紙での出会いも可能です。

　この出会いにおいて、カウンセラーは「自己一致」の状態であることが必要です。つまり、自分の考えや願いと自分の姿や行動が一致しているということです。ただし、カウンセラーも人間ですから悩みや不安や不満もあり、家庭などの問題を抱えていることもあります。それでも、そういう自分の悩みや問題をクライエントとの出会いの場に持ち込まないでいられるのならば、それでいいのです。

　つまり「クライエントに対して」自己一致した人として接

することができればよいのです。

3 ＜共感＞

　カウンセラーは、「よく来てくれました」という思いを持ちながら、悩みを持って苦しんでいるクライエントを温かい気持ちで迎えます。そして、クライエントの苦しみや悩みをクライエントの立場に立って受け止めます。

　たとえば、夫を非難する妻に対して、「夫にも言い分はあるはずだ」「これでは夫も腹を立てるだろう」などの客観的で冷静な受け止め方をするのでなく、まず妻の気持ちに寄り添い、その怒りや悲しみを同じように感じてみるのです。そして、クライエントの気持ちを理解します。そして、「お気持ちはよくわかります」ということをクライエントに伝えます。それは、言葉だけでなく、うなずきや顔の表情でも伝えていきます。

　クライエントは、「私の気持ちをわかってくれている」「私の立場になって考えてくれている」と感じられると、カウンセラーに親しみや信頼感を覚えます。この親しみや信頼感のことを「ラポール」といいます。このラポールができると、この人には何を話してもいいのだ、受け入れてもらえるのだと思えるのです。

4 ＜傾聴＞＜洞察＞

　クライエントは共感して聴いてくれるカウンセラーにさらにいろいろな思いを吐き出します。カウンセラーはひたすら話に耳を傾け、必要に応じて、クライエントの話を繰り返し

たり、言い換えたり、まとめたりして話の内容を投げ返していきます。クライエントは言葉にして話すことで自分の気持ちや考えが整理されたり、カウンセラーから返される自分の言葉に対して「改めて何かに気づいたり」していきます。

　それは、１回の面接だけで終わることもあるし、１週間に１回の面接で何週間、何か月と続くこともあります。

　クライエントはどんどん元気になっていくこともあるし、自分の姿や立場を改めて見直すことで、さらに苦しんだり落ち込んだりすることもあります。

　それでも、クライエントは一緒に考え一緒に苦しんでくれるカウンセラーの存在に励まされ、次第に変化していきます。カウンセラーを通して自分を客観的に見つめることができるようになります。それまで避けたり逃げたりしていた問題を正面からとらえて考えるようになったり、自分の持っていた固定観念もそれが自分の作ったものであり自分で柔軟に考え直せるものであることに気づいたり、「他人を喜ばすこと」より「自分らしく生きること」が大切だと思うようになったりしていきます。

　このように自分を見つめ直し、自分を考えることが「洞察」です。そして、クライエントは自分を信頼し自分を大切にすることと同時に、他人を受け入れることもできるようになっていくのです。

5 ＜終結＞

　カウンセリングがいつ終わるのかというと、二つの面があります。

一つ目は、クライエントが訴えていた悩みや問題が解消したと思えることです。
　二つ目は、クライエントの内面で好ましい変化があったと思われることです。
　この一つ目と二つ目は、もちろん関連していて、訴えていた問題自体は残っているけれど、クライエントがそれを乗り越えられるような変化や成長をしたために、問題が問題でなくなった、という場合もあります。カウンセリングでは当面の問題の解決だけでなく、クライエントの「生きる力」を引き出すというところまでを終結の目標としているのです。

III 聴き方のいろいろ

1 ＜共感＞
　相手の立場になって感じ、その気持ちを自然な言葉で伝える。
（相手は受け入れられたと感じ、緊張感を和らげる）

ク「信じていた友人から、あなたのことなんかもうどうでも
　いいのよ、と言われたんです」
カ「……。それはショックですね……。つらかったでしょう」

　　【練　習】次の発言に＜共感＞を伝えてみよう。
　　　　＊「学校へ行っても友達もいないし、何もおもし
　　　　　ろくないんだ」
　　　　＊「休んでいる間にリレーのメンバーに勝手に選
　　　　　ばれていたんですよ」
　　　　＊「13年間も飼っていたんですよ、家族みたいに
　　　　　ね。それが突然死んでしまったんです」
　　　　＊「思ってもみませんでした、委員に選ばれるな
　　　　　んて。がんばろうという気になりました」

2 ＜保証＞

不安や恐れを抱いている相手を安心させ、支え、勇気づける。
（自分を否定されなかったことで安心し、気力がわいてくる）

ク「クラスの委員なんて私にできるでしょうか」
カ「大丈夫ですよ。あなただったら、喜んで協力してくれるよ」

【練　習】次の発言に＜保証＞を伝えてみよう。
＊「急にこんなこと言い出しても、家族に受け入れてもらえるでしょうか」
＊「こんな悲しい思いをして、今はもう絶対何もやる気にならないんです。それでも、また気力って出てくるんでしょうか」
＊「ずいぶん休んでいたのに、授業についていけるのかなあ」

3 ＜促し＞
　相手の話が進みやすいようにうなずいたり、問いかけたりする。（熱心に聴いてくれていることを感じ、話す意欲がわいてくる）

ク「教室へ入ると気分が変わってしまうんです」
カ「どんな感じ？」
ク「息苦しいっていうか……つらい感じです」
カ「うん、うん。それで？」
ク「すぐに出て行きたくなるんです」

　　【練　習】次の発言に＜促し＞をしてみよう。
　　　　＊「相手から謝ってくれたら、許せたと思うんです。それなのに……」
　　　　＊「まず一つは、今すぐ帰ってから電話をかけて彼に文句を言ってやりたいですね」
　　　　＊「久し振りに家へ帰って最初に感じたのは、雰囲気が温かくなっているなっていうことでした」

4 ＜繰り返し＞

相手の話す言葉の一部や全部をそのまま繰り返す。
(そのまま受け止めてくれていることを感じ、話す意欲がわいてくる。自分の言葉を確認し、振り返る)

ク「昨日、家に帰ったらお母さんがいなかったんです」
カ「お母さんがいなかった」
ク「何となく不安な気持ちになったんです」
カ「何となく不安な気持ちになられたんですね」

【練　習】次の発言を＜繰り返し＞てみよう。
＊「せっかく社会がよくできたのに、数学の文句ばかり言うんですよ」
＊「学校を休んでいる間に、リレーのメンバーに選ばれていたんですよ」
＊「その連絡は、次の夜に急に届いたんだ」

5 ＜言い換え＞
　　相手の話す言葉を、他の言葉で言い換える。
　　（理解されていることを実感し、自分の話した意味を振り返る）

　　ク「いきなり怒鳴られたから、頭にきたよ」
　　カ「急に怒鳴られたので腹が立ったんだね」
　　ク「そう、それもみんなの前だからいやになるよ」
　　カ「人が見ているところなので余計いやだった」

　　　【練　習】次の発言を＜言い換えてみよう＞。
　　　　＊「教室に入ると、何か元気とかやる気とかなくなってしまうんです」
　　　　＊「その友達に裏切られるなんて、もう生きているのがいやになるくらいの気持ちになりました」
　　　　＊「その様子は何かぼーっとして夢の中のことのように感じられたんです」

6 ＜要約＞

相手の話の中心を整理してまとめて返す。
（自分の話した内容を整理して確認できる）

ク「黒板が見えなかったんです。眼鏡を忘れて。それなのに、いきなり『ノートも書かずにサボっている』って怒鳴りつけられて、それも皆の前でですよ。腹も立つし、情けないし、何も言わずに教室を飛び出していきましたよ」

カ「訳も聞かず怒鳴りつけられたのが、悔しくて出ていったんですね」

【練　習】次の発言を＜要約＞してみよう。

＊「体育大会でマスコット作りの係になったんです。けれど、みんな集まらないし、集まってもしゃべってばかり。私一人が考えたり、作ったりして、それでもあまり協力してくれないし、苦労しました。私の組のマスコットの点数は低かったけど、仕方がないですよ。私のせいではありませんよ」

＊「ムシャクシャして手紙を破り捨てました。そんなことが書かれてあるんですからね。腹が立ちましてね。それでもそれは事実なんです。原因は自分にあるんです。だから誰かに腹を立てていたというのじゃなかったんです」

7 ＜明確化＞

相手が言いたいと思っていることや、気づかないでいることを言葉にして返す。
（自分の気づかなかったこと、避けていたことにも目がむいていく）

ク「リレーなんていやですよ。休んでいたからってリレーの選手に選ぶなんてひどいと思うんですよ。本人のいない間に……そういうの何とか言いますよね」
カ「欠席裁判ですか」
ク「そうそう、欠席裁判ですよ。絶対出たくないですよ。そんなリレーなんて。別に走るのがきらいじゃないんですけど。リレーも何回か出たことはあるけれど、でも今度はいやなんです」
カ「勝手に押しつけられたのがいやなんですね」

【練　習】次の発言を＜明確化＞してみよう。
＊「息子のすることがとても目について、いつも何か腹が立って、こちらから文句言ったり、ひどいことをしたりしていました。それでも怒らないので余計イライラしました。自分でも何でこんなにつらく当たるのか、不思議でした。とにかく、気になって見てしまって、見ていると腹が立ってきたんです」
＊「駅にポスターが貼ってあって、山あいの畑の中にポツンとばあさんが立っている写真で

ね。何ていうか、心がキューって熱いっていうか、幼い頃を思い出したっていうか、泣きそうな感じだったんですよ」

8 ＜沈黙＞
　相手の言葉がとぎれた時に、黙ったままで待つ。
（相手は言葉を探したり考えを深めることで、自分の内面を見つめたり新しい気づきがあったりする。また、ゆっくり待ってもらえることで、受け止められ許されていることを実感できる）

ク「もう勝手にするからって、家を飛び出したんです」
カ「お父さんの言葉で、出ていくよう追い込まれたって感じ？」
ク「そう……いや………」
カ「……（沈黙）……」
ク「……私の方にも……いつかは出ていってやるって…そういう気持ちがあったのかなあ……」

　　【練　習】沈黙しながらどういう態度・姿勢をしているのがよいか、考えてみよう。

9 ＜質問＞

相手の言葉が出てこないとき、質問をして話の進行を助ける。
相手の話が混乱しているとき、質問をして整理する。
（カウンセラーが情報を集めることより、相手の話の進行や整理を優先する）

質問には「開かれた質問」と「閉じられた質問」がある。
　◇「開かれた質問」…相手が自由にいろいろ答えられる質問
　　「お母さんはどういう性格ですか」
　　「その時どう感じましたか」
　　自由に話せて、口を開いてもらいやすい。緊張感のある人、口の重い人には答えにくい。
　◇「閉じられた質問」…相手がハイかイイエで答えられる質問
　　「お母さんは明るい人ですか」
　　「その時は腹がたちましたか」
　　口の重い人には答えてもらいやすい。こればかり続けると"聞き取り調査"のようで話が広がらない。

　【練　習】　次の発言に「開かれた質問」「閉じられた質問」をそれぞれしてみよう。
　　＊「突然、訳もわからないのに怒鳴りつけられたんです」
　　＊「家に帰ったときにはすぐ気がつかなかったけれど、テーブルの上に手紙が置いてありました」

10【練　習】への返答例

1　※「それはおもしろくないよね」
　　※「勝手に選ばれていたら、誰でも嫌になるよ」
　　※「とてもショックだったでしょう」
　　※「良かったですね。元気が出ましたね」

2　※「大丈夫。家族なんですから、わかってくれますよ」
　　※「きっと回復します。あせらなくていいですよ」
　　※「始めはとまどうかもしれないけれど、君ならすぐ追いつけるよ」

3　※「謝ってくれなかった？」
　　※「うん、なんて言う？」
　　※「それから……」

4　※「数学のことばかり言うんだね」
　　※「休んでいる間に、選ばれていたんですね」
　　※「次の夜に急に届いたんですね」

5　※「教室へ行くと、エネルギーが失われるって感じなんですね」
　　※「信じていた友人に裏切られて、たとえようのないショックを受けたんですね」
　　※「ぼんやりとして現実感がなくなったんですね」

6　※「マスコットのできが悪かったのは、やる気のないみ

んなのせいだったんだね」
　　※「自分に腹が立って、破ったんですね」

7　※「息子さんの様子に、自分の嫌な面を見るように感じたんでしょうか」
　　※「郷愁って感じですか」

8　略

9　※開「どういう気持ちがしましたか」
　　　閉「腹が立ちましたか」
　　※開「手紙を目にしてどう思いましたか」
　　　閉「手紙を読んだのですか」

Ⅳ 「聴き方」で大切なこと

　クライエントにとって重大な関心があるのは、自分の話がどのように伝わっているか、どのように受け止めてもらっているか、ということです。それに対して、「しっかり聴いています」「このように伝わっています」「このように受け止めました」と、クライエントの話の内容や感情を伝え返すことを、フィードバックといいます（カウンセリング用語で、内容を伝え返すことを「内容の反射」、感情を伝え返すことを「感情の反射」といいます）。
　このフィードバックに当たるのが、＜繰り返し＞や＜言い換え＞＜要約＞という聴き方の部分です。そして、フィードバックによってクライエントは、自分が伝えたかったこととカウンセラーから返されたことを照らし合わせて、自分を振り返ることができます。
　このように「聴き方」にもいろいろな技術や目的があり、ただ「ふんふん」と聴いていれば問題は解決していくということではありません。
　しかし、技術や理論を十分に身に付けたから、それを使って聴いていれば問題が解決していくというのでもないのです。
　ただ理論を学び、技術を身に付ければ、相手を救ってあげられると思うところには、クライエントを上から見下ろすようなおごりがあります。自分の力で「操作し、導き、助ける」

という気持ちがあれば、それは態度となって伝わり、クライエントの信頼は得られません。

　一般の人の中にもカウンセリングの講習会に参加し、数多くの講義を受け、数多くの実習を体験している方がいます。そういう人が「カウンセリングをできる機会があれば、力を発揮できるのに」と思っていたとしても、実際に自分の日常生活の中で「カウンセリングの考え方」を生かした人との接し方ができていなければ、カウンセリングもできないでしょう。

　カウンセリングの技術や理論を実践するときに、その基本として必要なのは「相手を尊重する気持ち」と「人間的な温かさ」です。

　さらに具体的に言えば、「人は誰でも自分で困難を乗り越えていける力を持っている」という、人間に対する信頼感を持ち、あせらずに相手のペースに合わせて待つことができる姿勢です。

　それらは、カウンセリングの学習だけでなく、日常の生活や体験の中から、その人に備わっていくものでもあります。

　里や村の中で自然にいろいろな人の悩みを聴き、元気づけ、立ち直っていくのを見守ってきたような人は、意識せず学ばずとも「温かさ」や「聴き方」を身に付けている自然のカウンセラーともいうべき人々です。

　そういう人は、「ここは繰り返しで、ここは保証で……」と考えたりしていません。無理に共感しようとしたり、自分の感情を抑えたりもしていません。心のままに自然に応対していても、相手の心を引き出し、照らし、振り返らせているの

です。大切なのは「人間性と経験」です。

　それを理解した上で、カウンセリングの技術も磨きましょう。まず初めは、意識して、いろいろな「聴き方」を試してみましょう。意識しないでもできているようになれば、それは自分のものになったといえます。とりあえずは、日常生活の中で応用してみましょう。

V 言葉以外で伝わるもの

1 ＜クライエントから＞

　一般に表情や態度と言葉の内容は一致しています。「腹が立つ」というときに、顔色が変化して目がつり上がったり、声がふるえたりしていると、その言葉の真実みや激しさが一層伝わってきます。

　しかし、「お父さんなんか大きらいだ」と語るクライエントが、うつむいて目に涙をためて力なくつぶやいたときに、「きらいなんですね」と繰り返したりしていては、クライエントの気持ちに寄り添っていると感じてもらえないでしょう。

　言葉以外の表情やちょっとしたしぐさなどから、クライエントの心情を感じとることが重要です。

　例えば、クライエントがカウンセラーに向かって座った姿からだけでも、いろいろな情報が伝わってきます。

- 身体を前に乗り出している
- 身体を前かがみにしている
- 身体を硬直させている
- 身体をゆったりさせている
- 身体を後ろにそり返らせている
- 身体を斜めに向けている
- 肩をいからせている
- 肩を落としている
- 脚を組む

- 脚を大きく開いている
- 脚をそろえている
- 爪先で床をコツコツ鳴らしている
- 腕を組む
- 腕がだらりと下がっている
- 両手を握りしめている
- 両手が膝に置かれている
- 両手の指を細かく動かしている

　これら以外にも、様々な動作が同じクライエントによって、その時々のこころの状態に応じて表現されます。それを感じ取り、語られる言葉を受けとめ、共感していく必要があります。

　それは、経験と訓練によるところが大きく、日頃から心掛けて人の動作に注目しておくこともいいでしょう。特に、「声の大きさ」「話す速度」「視線」などに、その人の内面や精神状態が反映されると思います。

2 ＜カウンセラーから＞

　クライエントの側からカウンセラーに言葉以外の感情が伝わるように、カウンセラーの表情や態度からも心の内がクライエントに伝わっていきます。

　まず下の絵を見てください。どちらのカウンセラーに話をしたいと思いますか。

　この絵では机に向かっていますが、カウンセリングは、カウンセラーとクライエントの間に机やテーブルを挟まずに向かい合うことが多いので、カウンセラーは、全身で共感や受容を伝えることができます。また、その逆もできるのです。

　日常生活の中でも、話しやすい人と、どうも話が盛り上がらない人、話しづらい人がいます。それぞれの人の聴き方や姿勢に注目してみると、その理由がわかることもあります。

　また、カウンセリングの実習などで、自分がクライエントの話を聴いている姿をビデオなどに撮影して、見てみるのも有効です。

　　【考　察】＊話しやすい人の態度をあげてみよう。
　　　　　　　＊話しにくい人の態度をあげてみよう。

例えば、あいづちのうち方にしても、あまり早くうち過ぎると「早く話を進めたがっている」「イライラしている」「終わりたがっている」という気分を伝えてしまうし、間延びしたうち方では、「話しづらい」テンポを作ってしまいます。
　相手が沈黙したままのときなどに、深くゆっくりしたうなずきをすると、「いいですよ、ゆっくり考えてください。待っていますよ」という気持ちを伝えることもできます。
　緊張感の強いクライエントに対しては、お互いに向き合って座らず、斜めに、視線がぶつかり合わないような座り方をする配慮もできます。
　とにかく、第一印象でカウンセラーのほうが「頑固」「冷酷」「事務的」「厳格」「疲労」といったイメージを一つでも与えてしまうと、クライエントの話す意欲は低下してしまいます。

VI　カウンセラーに必要なこと

1 ＜勉強すること＞

　カウンセラーになるためには、まず大学へ進んで勉強する方法があります。

　例えば、教育学部の教育心理学科などで臨床心理学を学んだり、文学部社会福祉学科などでも臨床心理学を学べます。そして、これらの大学での心理臨床経験を基礎に「臨床心理士」の資格を受験することができます。

　また、民間にもカウンセラーの養成団体があります。受講資格を問わないところも、制限を加えているところもあり、その講義や実習の内容も様々です。そして、それぞれの団体が設定しているコースを終了すると、認定証や適格証を発行しているようです。

　ただし、現在はカウンセラーとしての就職の門は広くありません。職業として学ぶというより、自分の日常や仕事に生かすために学ぶ人や、心の世界について関心を持って学ぶ人も多いようです。

　カウンセラーとして実際に活動するならば、神経症から夫婦の不和など、ありとあらゆる悩みや問題に対応する覚悟が必要です。いろいろな心理や症例についての知識も必要です。

2 ＜自分を知ること＞

　カウンセリングをするなら、まず自分自身がカウンセリン

グを受けてみることが必要です。カウンセリングを体験してみることで、その展開や雰囲気を実感できるし、自分自身についても見つめ直すこともできます。

　さらに、精神分析を受けてみたり、いろいろな性格検査なども体験して、自分自身を知ることが重要です。自分はどういうことにこだわるのか、何に強く反応するのか、怒りを感じるのはどういうときか、それを自分で分析し、知っておかなければなりません。

　それがわかっていなければ、カウンセリングの途中で、自分の中に変なこだわりや不快感が芽生えた時に、それをクライエントのせいにしてしまうかもしれません。そういうことを防ぐためにも、自分の心のメカニズムを知っておく必要があります。

3 ＜スーパーバイザーを持つこと＞

　スーパーバイザーとは、カウンセラーをカウンセリングしてくれる人のことです。カウンセラーは、自分のカウンセリングの中で不安を抱いたり、問題の重圧に苦しんだとしても、人には相談できません。

　そこで、そういう仕事上の相談や自分の精神衛生のために、スーパーバイザーにスーパービジョン（カウンセラーがベテランのカウンセラーから指導や援助を受けること）を受けるのです。スーパーバイザーの存在はカウンセラーの精神を安定させ、大きな助けとなります。

4 ＜秘密を守ること＞

　カウンセリングの内容については、当然秘密厳守です。カウンセラーに話した内容が他に漏れているとすると、クライエントの信用を失くし、カウンセリング自体が成りたたなくなります。

　ただし、スーパーバイザーに相談することと、カウンセラー同士で対応や経過について検討をすることはあります。

　また、秘密にしておくことで、クライエントの命に関わるとかクライエントにとって極めて大きな不利益となるなど、緊急に判断を迫られることもあります。「こういう時はこうする」という基準はありません。カウンセラーが自分なりの判断基準を持って、人間として判断を下していかなければなりません。

5 ＜環境を整えること＞

　標準的なカウンセリングは週一回一時間程度ですが、カウンセラーそれぞれが時間や回数についても決めなければなりません。必要に応じて柔軟に対応するのですが、自宅への電話や訪問は受けつけないとか、自分の生活を守るルールも考えておくべきです。

　服装についても、それがクライエントに強い印象や動揺を与えない配慮が必要です。場所も、静かで落ち着ける所を用意しなければなりません。

6 ＜ふりかえること＞

　カウンセラーは、実際の対応において、自分の経験や人間

性でクライエントに向き合わねばならないということが多くあります。

　それだけに、自分自身の生き方や人との接し方について「ふりかえる」ことが大切です。カウンセラーとしての自分の対応の自己判断としては、次の五点が実践できているかどうかを点検してください。

　①寛容性……自分と違う人生観・価値観をも受け入れられる
　②忍耐性……相手の話をとりあえず、しんぼうして聴ける
　③敏感性……人の細かい感情の動きにも反応できる
　④客観性……判断力を失わず、自分の動きも自分で点検できる
　⑤安定性……自分の家庭や精神の問題が解決できている

　これらの点を、初めから全て備えているような人はなかなかいません。かえって「自分は大丈夫」と思える人は、さらに向上する可能性の少ない人かもしれません。自分はこの点が弱いと少しくらい思える方がいいでしょう。自分に欠けていると思われる点を補うべく常に意識し、ふりかえってみればいいのです。

Ⅶ　カウンセリングの実際

　カウンセリングルームを訪ねてきた高校１年生とカウンセラーの会話を見てみましょう。

　　ク１「すみません」
　　カ１「はい、どうぞ」
　　ク２「……あの……」
　　カ２「はい」
　　ク３「授業中がつらいんですけど……」
　　カ３「つらいと言うと……」
　　ク４「みんなからいじめられるような気がするんです」
　　カ４「いじめられる気がする」
　　ク５「勉強しているときに、回りのみんなからいじめられる様子が頭の中に次々浮かんでくるんです」
　　カ５「いじめられている場面が出てくるんやね、次々」
　　ク６「はい。胸が苦しいような……（うん）　息苦しい感じで泣けてきそうになるくらいです」
　　カ６「うーん……それはつらいだろうね」
　　ク７「本当に泣けてくることもあります」
　　カ７「うん…つらくて、怖くて、泣けてくる」
　　ク８「そう。本当にいじめられた時と同じ気分になってきます」
　　カ８「回りのみんなから実際にいじめられている？」

ク9「いえ。本当にいじめられたことはないんです。(そう)　けど、後ろからにらまれてないかとか、(うん)　嫌がられてるのじゃないかという気がしてきて、(うん)　そのうちひどいこと言われたりたたかれたりしている様子を想像してしまうんです」

カ9「状況が目に浮かんでくる」

ク10「目は開けてるんですけど、(はい)　いつの間にか黒板が見えなくなっていじめられている自分の姿を想像しているんです」

カ10「以前に実際にいじめられたことはあるの？」

ク11「小学校の高学年の頃に、男子から仲間外れにされたり、(うん)　動作がのろいとか言われたりしたことがあります」

カ11「男子から」

ク12「女子からはありません」

カ12「男の方がこわい」

ク13「はい。男子がこわいんです。(うん)　中学の頃にはそんなにいじめられたことはなかったけど、それでも何となく(うん)　男はこわい感じでした」

カ13「友達とかは」

ク14「ちょっと話したりするような子はいたけど、(うん)　一緒に遊ぶような子はいません。学校終わったら家に帰ってプラモデルばっかり作ったりして遊んでいたし。(うん)　今でもそうなんですけど。プラモデルが好きって子供っぽいでしょう」

カ14「プラモデルやってるのが恥ずかしい？　プラモデ

ル好きな高校生は何人もいると思うよ」
ク15「そうですか」
カ15「うん。……中学の頃も授業中にいじめられる想像とかしてつらい思いとかしてたの？」
ク16「同じ組の男子とか、何となくこわいとか思ってたけど、（うん）　別にいじめられたとかいじめられそうな感じとかなかったんですけど、（うん）　高校に入ってから……（うんうん）　高校に入っていじめられたとかいうこともないけど……（うん）　この頃授業中にいろいろ考えるようになってきて……（うん）　昔いじめられたときの気分を思い出して、だんだん今自分がいじめられているような気分になってきて、そういう気持ちになったら、そこからもう抜け出せなくなって……」
カ16「本当にいじめられてるのと同じくらいにね。それはつらい気分だね」
ク17「はい。……（うんうん）　それに、そんな気分になって勉強に集中できなくなるのもつらいんです。このままだったら成績もドンドン悪くなってしまいそうだし、（うん）　そしたらいい大学にも行けなくなりそうだし」
カ17「勉強のことも気になる」
ク18「気になりますよ。お母さんもいい大学に入れなければ幸せになれないって言うし、（そう）　お兄ちゃんは『○○大か△△大くらいしか行く値打ちがない』って言うし」

カ18「○○大くらい出ないと幸せになれないっていうのが家の雰囲気」

ク19「はい。お兄ちゃんは学歴とお金しか頼りになるものはないって、いつも言ってます」

カ19「お兄ちゃんは大学生？」

ク20「○○大に行ってるんです。（そう）　僕がプラモデルを好きになったのもお兄ちゃんの影響で……（うん）　お兄ちゃんは今でもプラモデルだけが趣味で、貯金も趣味ですけど、おかしいですよね、大学生がプラモデルなんて……」

カ20「高校生よりは少ないやろうね」

ク21「お兄ちゃんは、お母さんから家庭教師代を取って、僕を教えてるんです」

カ21「あ～そうなの。兄弟だから教え方は厳しい？」

ク22「もう、ぼろくそ。（そう、やっぱり）　自分はできるから僕がわからないのを理解できないらしくて……本当は教えたくないって……（うん）　けど、お母さんから僕を○○大に行かせる約束でお金もらってるから仕方がないって」

カ22「いやいや教えてる」

ク23「何か腹立ってくるみたいです。僕のできが悪いから……僕のことをぼろくそに言うのが趣味なんじゃないかなって思うほどです」

カ23「君を怒るのを、楽しんでる感じかな」

ク24「そうそう。お兄ちゃんは友達も一人もいないし、大学でも楽しいことがないらしいし、（うん）　自分

にいやなことがあったら僕にぶつけてくるみたいな感じです」

カ24「やつあたりとか、憂さ晴らしとか」

ク25「それです。そう思います。勉強をチェックするんですけど、僕がしっかりできてもほめてくれないし、うれしそうでもないから。かえって失敗したりしている方が張り切って怒ってる感じです。（うん）　入試のためには特に英語が大事だと言って、学校の予習復習もチェックされるんです。この頃、授業に集中できなくなってよくわからないまま帰ったりするから、すごく怒られます」

カ25「授業中のいじめられる想像の中に、家に帰ってまたお兄さんに怒られるという気持ちも混じっているのやね」

ク26「……いじめられてるようなつらい気持ちと、（うん）勉強が遅れるとか、また怒られるとか、いろいろ混じって、（うん）　あせってくるんです。（うん）　でもどうしようもなくて、泣けてきたりするんです。それで帰ったらやっぱり怒られるし」

カ26「あせってくればくるほど、集中できなくなるよねえ」

ク27「そうなんです」

カ27「どうなのかなあ、勉強が遅れて進学が不安になるというのとお兄さんに怒られるのと、どっちがいやなの？」

ク28「………（沈黙）……怒られるのもこわいし……将

　　　　来も不安になるし……今考えたら、やっぱり将来の
　　　　ことかなあ」
カ28「君も〇〇大学くらい行かないと幸せになれないと
　　　　思ってる？」
ク29「はあ、まあ、そう言われてるし……」
カ29「じゃあ、君のクラスのほとんど皆不幸になるのか
　　　　な？」
ク30「……そんなことはないと思うけど……みんな何か
　　　　元気あるし……」
カ30「自分自身は、〇〇大学くらい行っとかないと、勉
　　　　強以外のことにあんまり自信ないし、ということか
　　　　な」
ク31「そうです」
カ31「お兄さんは勉強のとき、たたいたりもするの？」
ク32「いや、口の暴力だけです。（そう）　いろいろひど
　　　　いことや、怒鳴ったりするけど、兄ちゃんはたたい
　　　　たりはしません」
カ32「親はたたいたりする？」
ク33「はい。お父さんはたたいたり、けったり、それは
　　　　ひどい目によく合わされました。（うん）　お兄ちゃ
　　　　んもお父さんからは何度もひどい目に合って、お父
　　　　さんをすごく憎んでいました。それでお兄ちゃんと
　　　　お母さんと二人でお父さんを家から追い出したんで
　　　　す。（へえ〜）　僕が中学生の時に」
カ33「追い出した……出ていったんじゃなくて……」
ク34「そう、追い出したんです。お父さんは出ていきた

46

くなかったと思うから」
カ34「離婚した？」
ク35「そうです」
カ35「その時、君はどう思った？」
ク36「僕もうれしかったです。ほっとしたというか。（うん）　それから会ったこともないし会いたくないです。（そう）　こわいとかいやな思い出しかないし」
カ36「お母さんはこわくない？」
ク37「お母ちゃんは口うるさいけど、暴力はふるわないし、こわくはないです。好きかどうかっていうと、よくわからないけど」
カ37「男の人がこわいっていうのは、お父さんがこわかったのと関係がある？」
ク38「あると思います。小学校でいじめられたりする前から、男子になんとなくびくびくしてたから。びくびくしてるからいじめられるんやって、お母ちゃんにも言われてたけど。（うん）　小さい頃から男の方がこわかったです」
カ38「それが、今もっとひどくなっているのかな」
ク39「はい。びくびくはしていたけど、こんな状態は初めてです。（うん）　自分でもどうしたらいいかわからなくて、ここに来てみたんです。でも、話をしてたら、ちょっと楽になりました」
カ39「また話をしに来ませんか」
ク40「はい、来ていいですか」
カ40「どうぞ来て下さい。待っています」

※この対話を読んで気づいたことをまとめてください。

【考　察】

　初めての来談で、かなり多くのことが語られています。

　クライエントにとっては、家庭にも学校にも自分の気持ちをじっくり話せる相手がなく、だれかに聴いてもらいたいという思いが強かったのではないでしょうか。「どうしたらいいですか」とたずねるより、自分のことを話すことに中心がおかれています。

　初回ですから、カウンセラーもクライエントの話の流れのままに全体像をつかむことに中心を置いて聴いているようにみえます。「学歴と幸福の相関関係」というクライエントの家庭の論理について、やや対決するような発言もしています。初回はただ受け止めるだけでいいのではないか、クライエント自身が気づくのを待つべきではないか、とも考えられますが、その場の雰囲気や口調、クライエントの態度などさまざまな要素がある問題だと思います。

　とりあえず、いろいろ話せたということで、「ちょっと楽になった」と帰っていきましたが、クライエントを取り巻いている状況に変化はないので、これから何回かのカウンセリングが続いていくことと思います。毎回、「楽になった」と帰っていかないで、「苦しいまま」「つらいまま」あるいは「話す中で一層悩みを深めて」帰っていくこともあるでしょう。

　カウンセラーの方で、クライエントの問題を分析して次回からはこういう方向に進めていこうと、計画する必要はありません。ただし、話の内容をふりかえって、自分の頭の中でもう一度話を整理しておく必要はあるでしょう。

考えられるポイントはいくつかあります。

- 父親から受けた暴力への恐怖心を周囲の男子に投影している
- 家庭内を支配していた父親の後、兄が支配的にふるまっている？
- 『学歴信仰』という家庭の論理へのこだわりと、自分の能力への不安とが勉強への集中を阻害している
- 勉強への集中ができなくなっているのは、兄や『学歴信仰』への抵抗や攻撃の芽生えであるかもしれない？

　クライエントは「○○大に入らないと幸福になれない」という論理を自分の中にとり入れつつ、「○○大に入ったものの友達もなく、プラモデルを作って弟に怒って憂さ晴らしをしている兄が幸福とは思えない」事実にも漠然と気づいています。それでも強迫的に「勉強しなければ」と思い込んでいるところに「心のひずみ」が生まれているのかもしれません。父親に対しても「こわかった」という思いと、「追い出した」という罪の意識もあって、それらが複雑に絡み合って「いじめの想像」につながっているのかもしれません。
　しかし、深読みや決めつけをすると、かえってクライエントの姿が見えなくなります。何よりも、クライエント自身が一つ一つ語りながら自分の心を探り、整理していくことが必要です。そして、自分の意思で「自分のために、目標を持って、勉強したい」ということが確認できれば問題も解決していくのではないでしょうか。

Ⅷ　カウンセリング用語

1 ＜カウンセリングマインド＞

　カウンセリングの基本的な姿勢や考え方を、日常生活に生かす精神のことです。
　具体的には、「相手の力を信頼し、聴く姿勢で受け入れて見守ることによって、成長や回復を待つ」心や、「自分の心を開いて、人との触れ合いを大切にする」気持ちを生活の中で実践する精神のことです。人に対しても、自分に対しても、「……ねばならない」ということを押しつけることなく、自由に自然な対応ができる精神でもあります。

2 ＜動機づけ＞

　自分の話を聴いてもらいたい、カウンセリングを受けることで元気になりたい、という気持ちがあることを「動機づけがある」と言います。そういう気持ちのない人、つまり話したいとか治したいとか思っていない人には、カウンセリングは非常に困難です。
　それでも、話したくないと思っている人と会わなければならないことが、生活の中ではあります。そういうときには、「話したくない」という気持ちを受け入れて、「どのくらい話したくないですか」「よければ話したくない訳を聞かせてもらえませんか」というアプローチをするか、一緒に困っているしかないかと、気長に気楽に構えることでしょうか。

3 ＜危機介入＞

　元の意味は、自殺の恐れなどがある人に働きかけてそれをくい止めようとすることです。自殺について尋ねるとかえって、暗示を与えてしまうと恐れるよりも、尋ねてかかわっていくことで、クライエントが楽になることもあります。特に、方法が具体的に語られるほど、危険性も高いので、カウンセラーは積極的にくい止めるための働きをします。一旦くい止めてからは、通常のカウンセリングに戻ります。

　現在は、クライエントの「家出」や「激しい暴力行為」が予想される場合などにも使われています。

4 ＜抵抗＞

　カウンセリングの過程で、クライエントの心の中に抵抗感が出てきてうまく言えなくなってしまうことです。それは、クライエントがカウンセラーに対して何か「ひっかかり」を感じ始めた場合もあるし、これから話が進んでいきそうな内容について避けたいという意識があったり不安を感じたりしている場合もあります。突然話題を変えたり、大切なことを思い出せなかったりするのも、抵抗と考えられます。

　突然話題が変わった場合は、「この話題から急に変わった」ということを覚えておき「行きづまった」時にはカウンセラーの方から話題を転換して、その問題を保留しておくこともあります。

5 ＜転移＞

　転移には「陽性転移」と「陰性転移」があります。

　陽性転移とは、クライエントがカウンセラーを信頼して極めて強く寄りかかってくることです。これがさらに強くなって恋愛感情に近い程度になってしまうと、カウンセリングの妨げになります。

　逆に、陰性転移とは、カウンセラーに対して非常に強い反感や反発を抱くようになる状態のことです。これも、カウンセリングの妨げになります。

6 ＜その他＞
　それでは復習です。これまでに出てきた次の言葉の意味が説明できますか。

カウンセラー

クライエント

ラポール

受容

傾聴

洞察

保証

1 カウンセリングの理論と技術

促し

繰り返し

言い換え

要約

明確化

沈黙

開かれた質問

閉じられた質問

フィードバック

内容の反射

感情の反射

スーパーバイザー

スーパービジョン

② 人間関係に生かすカウンセリング

Ⅰ 生活に生かすカウンセリング

1 ＜身近な人間関係の中で生かす＞

　「カウンセラーほど、自分の家族の話を聴かない人間はない」という言葉があります。人の話を集中して聴き、受け止めるということは大変集中力と気力のいることで、その姿勢はなかなか一日中継続していられないという意味の警句でしょう。それと同時に、日常の生活の中で人の話をしっかり聴くのは案外難しいことだ、という意味も含まれていると思います。

　「自分は今カウンセラーとしての役割を果たさなければいけない」とはっきり意識している場面では、うなずいて受け止めて整理して聴けたとしても、気を許して自由に会話している場面で、「最後まで聴けない」「自分の話すことばかり考えている」ようでは、カウンセリングマインドを生活の中で生かしているとは言えません。カウンセリングを学ぶのは、専門的なカウンセリング場面でその理論や技術を活用するた

めだけでなく、それぞれの仕事や身近な人間関係の中で生かすためでもあるべきです。

　日常生活の中でも、カウンセリングマインドを持って人と接していれば、「やわらかい、あたたかい」雰囲気を相手に提供できるでしょう。そして、相手からも、「やさしさ、あたたかさ」を引き出すことができます。つまり、自分自身も相手からカウンセリングマインドを持って迎えられるようになります。「情けは他人のためならず」という言葉があるように、「カウンセリングマインドは他人のためならず」と言えます。

2 ＜コミュニケーションのつまずき＞
①聴いていることを表現しない

　　話をしていてもほとんど無表情で聴き、うなずいてもくれない人がいます。話す方は、「自分の話を聴いてくれているのか」「否定されるのだろうか」と不安になり、中途半端な気持ちで話を終えることになります。それでは、自分も心を込めてうなずきながら話を聴く気にはならないでしょう。

②最後まで聴かずに判断する

　　話の内容を最後まで聴く前に、「こういうことを言いたいのだな」と一方的に判断して自分の意見を話し始める人がいます。特に自分の考えと反対の意見を聴いたときに、「反論したい」「説得したい」という思いが押さえ切れなくなって話し出すようです。相手の方ではまだ十分に自分の考えを話せていないという気持ちが強いので、

やはり早く自分の話の続きをしたいと思うか、相手と話す意欲を失っていくかのどちらかになってしまいます。

③相手の話を他の話題にすぐ変えてしまう

　相手から話を聞いた後で、それについての返事もしないで「それよりね……」「ところでね……」とか言いながら、他の話題に変えてしまう人がいます。

　それまで話していた人は、「私の話はどうなったの」という欲求不満を覚えるし、「私の話を聴いていないで、次に自分の話すことばかり考えていたのではないのか」という反発も感じるはずです。すぐに頭を切り替えて相手の話を集中して聴く気にはなれないでしょう。

④なんでも自分の話にもっていく

　相手の話を聞いた後で、相手の苦しい気持ちや立場などに理解や共感を示さず、「私の場合は……」「私も……」と自分の話をする人がいます。「私も同じような苦しい思いをしたので気持ちがよくわかる」というのでなく、「私はこういうやり方で克服してきた」「私はそういう失敗がないようにこういう努力をしてきた」という自慢に聞こえてしまいます。

　たとえ、自分の経験を話してそれを参考にしてもらおうという気持ちだとしても、相手にとっては、「何をそんなことぐらいで」「お前はだめだ」と言われている感じがするかもしれません。

⑤相手の様子や気持ちに構わず話す

　　自分が話をしたいと思うと、聴き手の都合や心情を考えられなくなる人がいます。話を長々と聞かされている人が退屈していたり、早く切り上げたそうにしたりという様子は横で見ているとありありとわかるのに、話している本人だけが気づいていないということもよくあります。相手は忙しくしていないか、相手にとって関心のある話であるか、などを感じる力を持ちたいものです。

⑥自分を押しつける

　　周囲の人に「自分は……な人間なんです」と、よく言う人がいます。自分を理解してほしい、自分は……だと知ってほしいということです。しかし、周囲には「自分を……だと思ってほしいのだ」ということはわかりますが、その人がどういう人なのかということは具体的な言動で理解されます。自分を理解してもらうというのはあせって自分を宣伝するのでなく、自然に伝わる姿を見てもらうということです。

⑦グループの会話を仕切る

　　グループでの会話をそばで注意して聴いていると、その中の特定の人が話の流れを変えたり話題を転換させていることが多いのに気づきます。自然な流れに逆らわず、巧みに会話を弾ませている場合はいいのですが、結局自分の興味関心と自己主張だけでグループの会話を仕切っている人がいる場合は、グループの中に何となく欲求不

満やもどかしさが残ります。誰かが熱心に話していたのに途中で切られた感じになってしまった話題について、「あなたのさっきの話だけど……」と機を見て戻してあげる気づかいのできる人も必要となってきます。

⑧話題に途中から割り込む

　二〜三人で話しているときに、話題に途中から入ってくる人がいます。そのこと自体は、楽しい雰囲気の輪が広がることであったり、いろいろな見方や意見が導入されて話が進展したりすることもあり、否定するべきことではありません。しかし、話題にいきなり入ってきて、よくわからないまま意見を述べたり、性急にいろいろ質問して話の流れを中断させてしまってはいけません。興味のあることだと感じたら、話にしばらく耳を傾けて、まず話の概要をつかむべきです。

　一番困るのは、話題にいきなり入ってきて、それに関連した自分の話を長々とする人です。その話が終わるまで、その場の人たちは自分たちの話を中断して待たねばなりません。状況を読めずに長々と話す人は、自分がみんなの時間を奪っていること、みんなが熱心に聴いてはいないことに気づく必要があります。

3 ＜まとめ＞

　これら全ての悪いコミュニケーションの例は、「相手の気持ちを受け止めよう」「相手の話を最後までしっかり聴こう」という姿勢が欠けているために起こっているものです。

ただ、全ての人が自己主張は控えようとか「話さずにもっと聴こう」と会話に対して慎重になる必要はありません。世間に「聴くより話したい」という人の方が多いのは事実ですが、始めから他人に気をつかい過ぎて話すことに臆病になっている人もいます。そういう人はすでに「よい聴き手」である素質は十分です。「気をつかう」のではなくて「関心を持って積極的に人の話を聴く」ように変化できれば十分です。人から信頼され、安心して相談される人物になっていくと思います。
　逆に、「自分は人との会話は大丈夫、得意」と思っている人にこそ、もう一度自分の態度や姿勢を振り返ってもらいたいのです。「私は、言うべきときには言うけど、あとはさっぱりしている」と思っている人にも、自分の対人関係を振り返ってもらいたいのです。
　世の中の人はみんな言いたいときに言いたいことを言いたいだけ言えるわけではありません。言える人は、さっぱりするだろうし恨みも怒りも残さないかもしれません。しかし、言われた方は心の中に恨みや怒りを残しているでしょう。自分の周囲の人の心の中にこだわりを残しながら、自分だけさっぱりしているのは自慢できることではありません。
　その上、そういう人は悩むことが少ないのです。「うまく話せない」と悩む人はあっても、「しっかり聴けない」と悩む人は少ないのです。そのままだと、悩まないまま、聴けないままに大人になっていきます。

II 学校に生かすカウンセリング

1 ＜対応の仕方Ⅰ＞

　学校の中の人間関係というのは、社会と家庭の中間のようなものです。社会ほど自由だったりクールだったり契約的でなく、家庭ほど固定的で濃密でもありません。そして、学校における人間関係の持ち方は、それぞれの人においてある程度パターン化しているようです。ここでは、先生の生徒に対する対応の仕方をいくつかのパターンに分けて考えてみます。

　まず、状況の設定をしておきましょう。

＊ある高校では、体育祭を各クラス四つの色のブロックに分けて学年縦割りの対抗で競います。そして、最後の競技が「ブロック対抗○高リレー」となっており、1年生から3年生まで各クラスから代表を出してバトンをつなぎます。注目度の高い目立つ競技ですから、脚力に自信のある生徒でなければ選ばれるとつらいでしょう。自分から進んで名乗り出る生徒がいなければ、選手を選ぶのには手間取ります。他の種目の選手を決めていって、残った人が頼み込まれるか無理に押しつけられるかということになります。みんなが出たがらない種目なのになぜ無くならないかというと、みんながそのリレーを見たり応援するのは大好きだからです。

　さて、また体育祭のシーズンがやってきました。先生が終

礼で話をしています。「明日のＬＨＲでは体育祭の選手を決めるから、欠席するなよ。休んどったら自分の希望する種目に入られへんぞ。休んだ者はブロック対抗リレーになってしまうかもしれんぞ」クラスのみんなが少し笑いました。

次の日、体育祭の選手を決める時間に一人の男子生徒が休んでいました。そして、やはりブロック対抗リレーの選手が決まらずに残りました。誰かが言います。「休んでるＡに決めとこう」。先生が言います。「知らない間に勝手に決めるのはまずいやろ」。また誰かが言います。「先生が昨日、休んだ者がなるぞって予告したんやから、知らない間に勝手にということにはならん」。すかさず「その通り」という声も上がり、拍手が起こって一件落着。

しかし、先生はＡがどう言うか気になっています。「まあ、おれが責任取ってＡを説得せんとしかたがないかなあ。けど、少し自信ないなあ」と考えています。

次の日、生徒Ａが職員室にやって来ました。以下は二人の会話です。

＜会話Ａ＞

生徒「先生、なんでおれが○高リレーの選手なんや」
先生「火曜のＨＲで体育大会の選手決めるて言うといたやろ」
生徒「おれ休んどったのに、なんで○高リレーやねん」
先生「休んだら勝手に決めるて言うとったやろ」
生徒「そんなん知らん」
先生「聞いてへんのんが悪いんじゃ。おまえはいつも連絡聞

いとらん」
生徒「先生が勝手に決めたんか」
先生「おれと違う。クラスでみんなが希望の種目に決めていって、最後に残ったのに休んでたおまえを入れたんや」
生徒「おれ、出えへんで」
先生「そんなんあかん。みんなに迷惑かかるやろ、リレーなんやから」
生徒「そんなん知るか。勝手に決めとんねんから」
先生「それやったら、自分でみんなに言えよ」
生徒「みんなに言うても、誰も代わってくれへんわ」
先生「そう思うんやったら出ろよ」
生徒「いやや。おれ、体育大会休むからな」
先生「何言うてんねん。そんなんあかん」
生徒「もうええ。休むから」
先生「ちょっと待てや。今日の終礼でみんなに言うてみるから」
生徒「どうせあかんわ」
先生「それやったら出ろ」
生徒「いやや。休む」
先生「ええかげんにせえ。わがまま言うな。休んだおまえの責任やろ」
生徒「もうええわ」
先生「待て、どこ行くんや」

　学校での先生と生徒の対応でよくあるパターンです。結局、リレー選手の問題が解決しないだけでなく、先生と生徒の人

間関係そのものも悪くしています。かと言って、特に先生の主張に大きな間違いがあったわけでもありません。

　ただ、この先生には、「相手の言うことを認めたら負けである」「言い合いで負けたら指導はできない」「一つ指導できなくなると、いろいろな面で崩れていく」という意識があるように思えます。

　もめごとには、対立している二つの立場のそれぞれに言い分があり、見方を変えればどちらも一理あるという場合もあります。そういう時には、お互いに相手の話に耳を貸したら負けという感じで、自分の正当性の主張に懸命になってしまうようです。

　もし話がついたとしても、それは一方が強引に相手をねじ伏せたか、話し合いを拒否して自分の我を押し通したということが多く、二人のその後の人間関係を悪化させる原因となります。

　相手の感情に共感しつつ、主張に耳を傾けることは「負け」なのでしょうか。

　次に、生徒Aが職員室にやって来たときに、先生が「とにかく話を聴いてみよう」という姿勢で臨んだ場合の会話を見てみましょう。

＜会話Ｂ＞
　生徒「先生、なんでおれが○高リレーの選手なんや」
　先生「ああ、火曜のＨＲで決めた選手のことか」
　生徒「そうや、おれ休んどったのになんで○高リレーやねん」
　先生「ああ、休んどったのに決められたんやなあ」

生徒「そうや、おれいややで」
先生「そらいややろなあ」
生徒「いやや」
先生「そうか、そんなにいやか。みんなもいややから、残ったんやなあ」
生徒「そうや。それで休んどったおれに決めたんやろ」
先生「う～ん、そしたらどうしょう」
生徒「そんなん知らんけど、おれ出えへんで」
先生「出えへんか。困ったなあ。リレーやからみんなが困るわなあ」
生徒「誰かおらんのん」
先生「そやなあ、おらんからおまえになってしまったんやからなあ」
生徒「勝手なんや、みんな」
先生「それでもみんなに出たくないって言ったら、誰か代わってくれるかもしれんで」
生徒「無理やと思うで」
先生「まあ、ためしに終礼で言うてみたら。おれは絶対いややって」
生徒「かっこ悪いなあ。先生言うてや」
先生「おれが言うたっても、かっこは悪いけどな」
生徒「けど、まあ、言うて」
先生「そしたら言おか」
生徒「頼むわ」
先生「あかんかもしれんけどな」
生徒「まあ、言うてみて。あかんかったらまた考えるわ」

生徒は前のパターンと同じ気持ちで職員室に入ってきています。しかし、自分の怒りや不満がそのまま受け止められているので、さらに激しく不満を訴える必要がなくなって、次第に自分も問題の解決について考えようとしています。先生の方は、生徒の怒りをそのまま受け止めて共感し、言葉を繰り返したり、整理したりして投げ返しています。

　「みんなに頼んでみてあげる」ということに関しても、この先生の場合は「頼むわ」と、生徒から感謝されています。先程のパターンでは、「どうせあかんわ」と感謝も期待もされていません。

　この違いはどこにあるかというと、求められたことに応じて「してみようか」と言っているか、求められる前に先回りして「してやろうか」と言っているかの違いです。求められる前に気を回していろいろ世話を焼いたり物を与えたりしても全然感謝されないのは、親子によくあるパターンです。

　生徒の話に共感しつつ、言葉をそのまま投げ返して、本人に問題を考えさせていくという＜Ｂ＞のケースに何となく似ているけれど、生徒の気持ちの変化が全く違うパターンがあります。

＜会話Ｃ＞
　生徒「先生、なんでおれが〇高リレーの選手なんや」
　先生「知らんで。なんやそれ」
　生徒「おれが休んだときのＨＲで、〇高リレーの選手になっとたんや」
　先生「そうか、みんなに任しとったからな。おまえがなった

んか」
生徒「そうや、おれいややで」
先生「そら、いややろな」
生徒「いやや」
先生「そうか」（そう言って、机の上の仕事をし始める）
生徒「先生、おれ出えへんで」
先生「みんなにそう言っとけよ」
生徒「言うても誰も代わってくれへんやろ」
先生「そうかなあ」
生徒「代わってくれるはずないわ」
先生「そうか」
生徒「おれ、とにかく出えへん」
先生「そうか」
生徒「休むかもしれんからな」
先生「まあ、自分のことやからなあ」

　自分の意見を押しつけようとしていないという点では似ていますが、＜Ｂ＞と＜Ｃ＞では全く違います。まず＜Ｂ＞の先生は、生徒が職員室に入ってきた時点で、仕事の手を止めて生徒の方に身体を向けている感じがあります。全身で「君の言い分を聴くよ」というメッセージを発しているのではないでしょうか。＜Ｃ＞の先生は、顔だけ生徒の方に向けていたけれど次第に自分の机に視線を戻して仕事を始めながら、話に関係なく「ふん、ふん、ふん」と細かいあいづちをうっている感じです。もちろん生徒の方も「受け入れられていない」「面倒くさがられている」という気分になって、何も言

気がしなくなっていくでしょう。この＜Ｃ＞の「いいかげんさ」と、＜Ｂ＞の「カウンセリングマインド」とは一見似ていて、全く違うものです。

　逆に、先生が頭ごなしに自分の意見を押しつけるパターンがあります。もちろん、場合によっては問答無用で「悪いことは悪い」と言うべきときもありますし、挨拶や言葉づかいの指導も大切ですが、このケースでは生徒の言い分を聴くことがまず必要でしょう。

　頭ごなしに怒って、他の話を持ち出すというパターンも見ておきましょう。生徒はこういう経験をすると、もうその先生のところへは自分からは来なくなります。

＜会話Ｄ＞

　生徒「先生、なんでおれが」
　先生「職員室に入るときは挨拶しなさい」
　生徒「失礼します。先生、なんでおれが〇高リレーの選手なんや」
　先生「選手なんですか、やろ」
　生徒「なんでおれが〇高リレーの選手なんですか」
　先生「火曜のＨＲで決めると言うといたやろ。聴いてなかったんか」
　生徒「………」
　先生「だいたいなんで休んだんや。お前、どんな生活してんねん。実技の科目は休んどったら単位とれんぞ。一回保護者に来てもらわなあかんなあ」
　生徒「……」

2 ＜対応の仕方Ⅱ＞

まず、次のような「先生」と「生徒」を設定して、ロールプレイ（役割演技）をしてみてください。

※先生

10月始めです。

あなたは3年生の担任です。

クラスの生徒の多くの就職も決まっています。

授業中の雰囲気がだらけた感じになっており、遅刻・欠席も目立って、早退したいと言ってくる者も多くなりました。

そんなある日の2時間目の休み時間に、生徒が職員室に入ってきました。生徒は、これまで早退はなく、欠席も少ないまじめな生徒です。就職が決まっています。これまで特に問題を起こすこともなく、ゆっくり話したことはありません。表情は暗いけれど、それほど体調が悪そうには見えません。

これは少し話を聴いてみないといけないなと思いました。

※生徒

10月始めです。

あなたは高校3年生です。

クラブを引退して就職も決まっています。

これまで学校を休まず、遅れず、早退せず、まじめにがんばってきました。

家族は、働いている母と小学生の二人の妹の4人家族です。父親は6年前に亡くなりました。

ところが、9月に母が急に再婚すると言い出しました。母よりかなり若い男性で自分とは10数歳しか離れていません。妹二人はのんきに喜んでいるようですが、自分はいやです。

それで昨晩は、いらいらして妹に八つ当たりをして母に叱られ、口論になりました。今朝は何も食べず口もきかず家を出てきましたが、授業を受けていてもいらいらしてきます。
　誰かに話せば気がすむのかもしれないけれど、そういう友人もいないし、今日はもう早く帰って誰もいない家でごろ寝でもしてやろうと思って、担任の所へ行くことにしました。

　「生徒」から悩みを打ち明けられて相談にのるという状態になれるのは、難しいことです。相手に、次の中のどのような気持ちになったかを話してもらい、自分の対応がどういう印象を与えるものかということを、ふりかえってみてください。

ロールプレイ「早退」編　ふりかえり用シート

レベルⅠ
- （　）話しやすかった
- （　）やや話しやすかった
- （　）話しにくかった

レベルⅡ
- （　）親身になって心配してくれている気がした
- （　）自分のために話してくれているという気がした
- （　）自分のことを考えてくれていない気がした

レベルⅢ	（　　）自分の悩みを話してみたい気になった（話した） （　　）自分の悩みを話してみようかという気になった （　　）自分の悩みを話す気にはなれなかった

　次に、＜対応の仕方Ⅰ＞に登場した４人の先生が再び登場して、前ページの「生徒」に対応しています。

＜会話A＞

　生徒「先生」
　先生「はい」
　生徒「早退したいんですけど」
　先生「帰りたい。珍しいなあ。何でや」
　生徒「何でって、しんどいからです」
　先生「しんどい言うてもいろいろあるやろ。たとえば、おなかが痛いとか」
　生徒「おなかは痛くないです」
　先生「頭が痛い？」
　生徒「それもないです」
　先生「そしたら何が悪いんや」
　生徒「身体がだるいんです」
　先生「身体がだるいくらいは、俺もしょっちゅうあるけどな。テニスした次の日とか、酒飲みすぎとかな。熱があんのか」

生徒「多分ないと思います」
先生「熱もないし、おなかも頭も痛くないけど帰りたいって、言われた俺の方が頭が痛いわ。家に帰ってどうするんや」
生徒「家に帰って…寝ます」
先生「寝不足か。寝不足は身体だるいわな。せやけど今帰って寝たら、夜また寝られへんぞ。夕べ何時に寝たんや」
生徒「11時頃です」
先生「そんなに遅くないなあ。よく眠れた？」
生徒「まあ」
先生「朝は何時？」
生徒「7時頃」
先生「よう寝てるやん。先生なんか1時までプリント作っとったんやぞ。5時間位しか寝てへん。就職したらしんどいくらいで早退なんかでけへんぞ。甘くないんやぞ」
生徒「………」
先生「見たところ今すぐ倒れそうなほどでもないし、もうちょっとがんばれんかなあ」
生徒「でも本当にしんどいんです」
先生「そら、君のことやからなあ、君がしんどい言うんやったら、俺にはそのつらさはわからんし」
生徒「………」（うつむいたまま）
先生「一人帰らせたら、私も私もって次々来よるんや、みんな。何であの子だけ帰して私はあかんのって言いよるしなあ。困るんやなあ。君もそんなに病気みたいに見えへんから、他のもんが文句言うかもしれん。いっ

　　　　そ熱でもあったらええんやけど」
生徒「………」(顔を上げない)
先生「まあ、熱あったことにしとこか。普段まじめな君のこ
　　　とやから、君を信用して帰らせたるけど、今日だけや
　　　からな。熱ないもんは、帰されへんのやからな、本当
　　　は」
生徒「………」(うなずく)
先生「これから、君がこんなこと何べんも言うてきたら、帰
　　　したれへんぞ…そしたらまあ、気をつけて」

＜会話B＞

生徒「先生」
先生「はい」
生徒「早退したいんですけど」
先生「帰りたい？　珍しいね」
生徒「はい。ちょっとしんどいんです」
先生「そういえば元気ないね。大丈夫？　帰れる？」
生徒「はい。身体はだるいけど、熱はないと思うし」
先生「熱はないの」
生徒「たぶん」
先生「気分がすぐれない？」
生徒「そうです」
先生「身体より心がしんどいって感じ？」
生徒「まあ、そう」
先生「家へ帰ってどうする？」
生徒「寝ます」

先生「寝たら元気になりそう？」
生徒「さあ、わかりません」
先生「それは心配やねえ。原因は自分でわかってるの」
生徒「まあ、だいたい」
先生「いやなことでもあった？」
生徒「まあ。………」
先生「話してみる？　どこかほかの部屋がいい？」
生徒「いえ、ここでいいですけど………」
先生「そう………」（うなずきながら）
生徒「………」
先生「友達のこと？」
生徒「そうじゃなくて…」
先生「うん、どういうこと…」
生徒「家のことなんですけど」
先生「うん、うん」
生徒「実は………」（以下略）

〈会話C〉

生徒「先生」
先生「はい」
生徒「早退したいんですけど」
先生「帰りたいんか」
生徒「はい。ちょっとしんどいんです」
先生「しんどいか」
生徒「はい」
先生「まあ、誰でもしんどいことはあるわな。俺も熱なくて

も、帰りたいこと時々あるわ」
生徒「はい」
先生「まあ、しんどい時は無理せんと、気をつけて帰りなさい」
生徒「はい」

＜**会話D**＞

生徒「先生」
先生「はい」
生徒「早退したいんですけど」
先生「帰りたい。どうしたんや、お前まで」
生徒「はい、ちょっとしんどいんです」
先生「がまんでけへんくらいか。倒れそうなほどには見えんけど」
生徒「身体がだるいんです」
先生「熱はかってみるか」
生徒「熱はないと思います」
先生「何や、自分でわかってるんか。それやったら気持ちの問題やないか」
生徒「気分が悪いんです」
先生「このごろ、帰りたい帰りたい言うて来るやつばっかりで、どないなっとんねんて思うとったら、お前まで、だるいとかしんどいとか、帰らせてくれ言うてきて、どないすんねん。人間、ほんまにしんどい時いうのは、一目見てわかるもんや。お前はもうちょっとがまんできるんちゃうか。昼までがんばって、それでもしんど

かったら、昼休みにまた来い」

3 ＜叱ることについて＞

　学校の現場においては、「きまり」を守ることを求める・注意する・叱る、ということが多々あります。もちろん、生徒の成長を促し、自主性や意欲を育てるためには、励ます・認める・ほめることが重要なのは間違いありません。しかし、集団生活を円滑に進めるため、安全の確保のため、社会に適応していける態度や姿勢を育てるため、学校生活を続けていけるような生活習慣を身に付けさせるため、どうしても叱ることが必要な場合があります。

　先生がその日の気分によって叱ったり叱らなかったりするとか、先生によって叱る基準がはっきりと違っているというのでは、叱られる側の生徒にしても混乱や不満が生じます。先生個人の性格や持ち味によって叱り方に違いがあるのは仕方がありませんが、「何が悪いのか」ということについては叱る側と叱られる側で、はっきりしていることがまず必要だと思います。

　カウンセラーの中には、学校現場に対して次のように話す人がいます。

　「よく学校の先生なんかで、悪いことをした生徒を呼び出して話をするときに、扉のところでもじもじして入ってこれない生徒に対して『何で、入ってこられへんねん』と言う先生がいます。これは、完全に相手に共感できてないですね。本

来なら、『入りにくいやろ』と声をかけること、これが共感です。
　相手の不安や戸惑いに共感し、『言いたくなかったら、言わなくてもいいんですよ』これが受容の言葉です。『無理にしゃべらなくていいんです。しゃべれるようになったら、聞きますよ』それも言いましょう。伝えましょう。」

　この指摘についてどう考えますか。
　ポイントは、この場合、先生が問題を感じて生徒を呼び出しているという点です。生徒が「何かを訴えようとしてやって来た」とか「自分の問題を自覚してやって来た」というのではありません。
　カウンセリングというのは、原則としてクライエントが自主的に悩みや不安を持って訪ねてくることから始まります。そこに「共感と受容」が生きてきます。
　しかし、例えば本人に全く不安や悩みがない場合にはカウンセリングマインドが生きてこない場合もあります。電車の中で足を広げて二人分の席を占めている若者の前に立って、「広々と楽に座りたいんですねえ」とうなずいていても事態は変化しません。まず、「寄ってもらえないか」と言うことからスタートします。
　学校現場では、そのような、まず注意するとか呼び出すことから始めなければならないことが多いのです。そして、「悪いことは悪いのだ」と指導することは大切です。
　悪いことをして職員室に入りにくそうにしている生徒に共感し、「言いたくなければ言わなくてもいいよ」と受容するこ

とは、本人が自分の行為や失敗に気付き反省し始めている場合に有効です。本人が「何とかごまかしたい」「この場を逃れたい」という気持ちで一杯の場合に、「話せるようになったら、またおいで」では、本人が自分の行為を見つめ反省していくとは思えません。特にそれが「いじめ」等の問題の場合、いじめている側の生徒に対しては、素早く厳しい事実の解明と指導が必要です。

　では、このようなケースでカウンセリングマインドはどこで生かすのかと問われるかもしれません。カウンセリングマインドは「悪いことは悪い」という指導の後で生かすのだと言えます。始めから「悪いことだが気持ちはわかる」というのではなく、本人の行為の悪い点を指導した後で、その行為の原因や心理について本人が考えたり振り返ったりしていくのに寄り添うということです。本人が悩み苦しむところに「受容と共感」を持って接していくのです。

　また、叱る場合にも、悪いのは行為であって生徒自身の人格そのものまで否定してしまわないことが必要です。

Ⅲ　ほめるということ

1 ＜意欲を育てる＞

　「受け止める」「共感する」ということから、さらに具体的で積極的なかかわり方として、「ほめる」ということがあります。

　プロ野球の監督などが、「A選手はほめるとだめだ。いつも厳しく色々文句を言っておかないと、練習しない。B選手は叱ると萎縮してしまう。ほめておだてて調子に乗せないと力を出せない」と話している場合があります。

　やはり、ほめた方がいい人とほめない方がいい人がいるのだなあと思われるかもしれませんが、これは成人した大人相手の話です。しかも、少なくともプロ野球に入るからには、子供の頃から野球に関してトップクラスの実力と自信を身につけてきている選手相手の話です。

　幼ければ幼いほど、「こんなことではだめだ」と叱るより、「よくやった」とほめることが重要です。子供が求めているのは「自分の存在を肯定されること」であって、「否定されること」ではありません。特に幼少の子供に対する「からかい」「さげすみ」は、百害しかありません。「自分は受け入れられていない」「自分はだめなんだ」という思いを植え付け、思春期の試練を乗り越えるエネルギーを蓄えられなかったり、攻撃性などの歪んだ発達につながったりします。つまり、「自分はだめなんだ」という思いから抜け出せなくなり、社会に出て自立していく気力や自信が育たないかもしれません。逆に、

「どうせ自分はだめなんだ」と開き直った憎しみを抱いて他人や学校や社会に向かっていくかもしれません。「こんな俺にしたのはお前だ」と親に反撃してくるかもしれません。

とにかく、「自分は受け入れられている」と感じさせ、「色々なことに挑戦してみよう」という意欲を育てるために重要なのは、「ほめること」であり「認めること」なのです。

もちろん、それは「何をしても構わない」ということではありません。子供の人格でなく行為に関して「良いこと」「悪いこと」があることを教える必要があります。幼い頃に教えられた「良いこと」「悪いこと」の基準は、その人の人生における善悪の判断に大きな影響を与え続けます。

また、幼いうちに「良いこと」「悪いこと」を教える中で忘れてならないのは、成長に応じて「自分で決めればよいこと」があるのを教えることです。自分で好きにしてよいこと、自分で判断してよいことを、発達段階に応じてどんどん広げていくことです。

親がほとんど全てに関して指示し過ぎると、自分で考える力が育たずに、いわゆる優柔不断や「指示待ち人間」と言われるようになってしまうかもしれません。

2 ＜追認的なほめ方＞

ほめ方としては、大きく分けて次の二つがあります。一つは、子供の具体的な行為に対してほめる、追認的なもの。もう一つは、子供の人格や将来の可能性などはっきり形に見えないものに対して期待を込めてほめる、開発的なものです。

もちろん実行しやすいのは、具体的な行為に対してほめる

「追認的ほめ方」です。「いいことをした」時にほめればいいのだから簡単なことだ、そんなことは言われなくてもやっていると思われることでしょう。ところが、現実の子供の行為には「絵に描いたような、正しい立派な行いや結果」というのは少ないのです。不十分な終わり方であったり、失敗と成功が半々であったり、志は高かったが結果が惨めであったとか、ほめたらいいのか注意をすればいいのか、ほめるべきか叱るべきか迷うことが多くあります。

　それでもほとんどの親は対応がパターン化しています。

　つまり、「いいところ」に目がいくか「悪いところ」に目がいくか、親にとってどちらかが習慣化しているということです。

　たとえば、母と子の対話のシナリオ（90頁参照）にあったような「よくできたテストとよくなかったテスト」のどちらに親の目が向いているかということです。あるいは、子供が気を利かせて自分からお手伝いをしようとして何かを壊した時に、動機の優しさと不注意の失敗のどちらに親の目が向くかということです。

　これは、基本的に子供の存在や行為を受け入れて良い点をほめて励まして伸ばしていこうとする姿勢と、子供の成長や行為を点検して不十分な点を注意・指導して修正していこうとする姿勢の違いにも通じるものです。

　学校生活の先生と生徒の関係でこの二つの姿勢について考えてみましょう。

　○複雑な家庭の事情もあって朝起こしてもらえず、自分自

身にも学校へ来なければという意識が弱く、生活習慣も乱れているという状態の生徒がいるとします。欠席も多く、登校してきても３〜４時間目や昼からという大幅な遅刻です。先生からいつも注意されているけれども、改まる様子がありません。

　ある日のこと、その生徒が朝から遅れずに教室に登校してきています。担任の先生が朝礼をするために教室に入ってきて、「起立」「礼」をして、先生がその生徒がいることに気づきました。

＜Ａ＞

　先生「おっ、今日は遅れんと来てるな」
　生徒「うん、えらいやろ」
　先生「まあな……あのな、これが当たり前のことなんやぞ。朝遅れんと来て、えらいと思うような感覚になってること自体が問題なんや」
　生徒「……」
　先生「回り見てみろ。みんな来てるやろ。みんな毎日遅れんと来とるんや」
　生徒「……」
　先生「その気になったら来れるんやないか。何で今まで来れんかったんや。明日からもしっかり来い」

＜Ｂ＞

　先生「おっ、〇〇。おはよう。早いな、今日は」
　生徒「うん、えらいやろ」
　先生「うん。どうした、徹夜か」
　生徒「いや、早起きや」

先生「そうか、えらいやないか。その気になったらできるんやなあ」
生徒「まあな」
先生「みんな朝から来とったら気分ええわ。なあ、みんな」

　二つのケースの生徒の立場になって、どちらが「明日も頑張って来ようかな」という気持ちになるかを考えてみると、正論や理屈より共感や励ましが相手を動かすことのイメージができると思います。
　もちろん、＜Ｂ＞の対応ならこの生徒が「明日も来る」というわけではありません。簡単な一つの対応だけで相手の心ががらりと変わることを期待してもいけません。「学校に気持ちが向いていない」生徒に対して「朝早くから来てよかった」と思える言葉をかけてみる、そういう出来事の積み重ねが、人の心を動かしていくと考えていることが重要です。
　もちろん、物事の善悪について正論や理屈で説得したり強制したりして、子供の行動に規制を加える必要はあります。ただ、力や罰に頼った規制は「誰の目もない」所において無力化することも多いのです。子供のわずかな良い変化や行為にも敏感に気づいて、ほめることによる共感や励ましが、さらに子供自身の成長を促します。

3 ＜ほめる側の感受性＞
　子供の良い変化や行為に敏感に気づくというのは、大人の側の感受性の問題です。感受性が高いというのは、わずかな

変化にも気づくというのと同時に、幅広く色々な変化や行為を受け止めてほめることができるということでもあります。狭い範囲に限定したことだけでほめられているならば、子供は成長の中で狭く偏った価値観しか身につけられないでしょう。例えば、親が「勉強」や「順位」に関することだけを中心にほめたり励ましたりし続けるなら、子供の中でも「勉強や成績」だけが大きな価値観を占めてしまい、豊かな人間性が育たなかったり、逆に挫折や反抗によって「勉強や成績」への強い拒絶反応が現れたりするかもしれません。

　幅広い感受性と価値観ということについて具体的に考えてみましょう。

○○「先生は、いろんな面で生徒を受け止め、ほめたり共感したりしていますか」
先生「そうだねえ。こう見えて結構私はほめるときはほめてますよ。いろんなことでね。例えば、掃除をていねいにできる生徒、提出物とかきっちり出せる生徒、廊下でしっかり挨拶できる子とか」
○○「そんな時、はっきり言葉にしてほめてるんですか」
先生「もちろん口に出してほめることもありますよ。しかし、うなずいてみせたり自然と私の顔も和らいだりするので、心の中でほめてるのが伝わってるんじゃないですか、大体は」
○○「怒っていることより、認めていることのほうが伝わりにくいと思いますよ、言葉にしないと。でも、それはまあいいとして、他にどんなことでほめたり、心の中

②　人間関係に生かすカウンセリング

でえらいと思ったりしてますか」
先生「授業中、背筋をしゃんと伸ばして話を聞いてる生徒。それから廊下にごみとか落ちていたら拾って捨てる子、まああんまりそんな生徒、見たことないけど、見たら口に出して絶対ほめますよ。それと、皆勤の生徒。３年間遅れず休まず、そういう生徒は卒業前にクラスみんなの前で是非ほめたいね」
○○「先生のあげている生徒って、それ、どれもしつけのいい生徒ってことじゃありませんか。色々な面ということでなくて、生活態度という一面だけが先生の評価や価値観の中心になっていませんか。自主性や個性、独自性や反骨精神や、やさしさやら、幅広く認められほめられることが生徒にとって必要ではありませんか」
先生「どんどん生活態度が崩れ、公共心が薄れていく風潮だから、私はそれを大切にしたいと思ってる。大体、今どき廊下のごみを拾ってる生徒がいたとしたら、それは個性や独自性のある行為だし、自主性ややさしさもある行為だろ」
○○「生活態度に重点を置くのは否定はしませんが、それだけでなく色々な活動や行為にも目を向けて、ほめて励ましてあげてほしいということと、まだ不十分であっても少し努力したということも認めてほめてほしいということを言いたいのです。文化祭や行事で積極的に取り組んだ生徒、それに協力して目立たない仕事にコツコツ取り組んだ生徒、孤立しがちな仲間に気配りしていた生徒、色々な生徒の色々な形の努力や長所に目

を向けて、自分のクラスの全員の生徒に一年の間に最低一度は言葉にしてほめてあげてほしいのです」

4 ＜開発的なほめ方＞

親や先生が幅広い感受性と価値観を持って子供をほめて育てるためには、具体的に見えたことに対してほめる追認的なものだけでなく、さらに、子供の個性や人格や発想や可能性など形に現れにくいものにまで目を向けて受け止めて共感していく、開発的なほめ方が必要です。

「お前が人に優しい子であることが、とても嬉しい」「お前の笑顔は、周りを幸福にさせる」「お前にならできる」「お前はきっとみんなから愛される」そういう言葉で育てられれば、子供の性格そのものが前向きに積極的になっていくと思われます（ただし、「お前にならできるはずだ。できるお前は認めるが、できないお前は認めない」というような条件付きの押しつけのほめ方や期待は、子供にとって重い負担となって苦しめるものにもなります）。

子供に対して幅広い受け止め方ができるためには、親や教師自身が柔軟で幅の広い生き方をしている必要があります。偏見を持ったり独善に陥ったりしない生き方です。様々な人や考えに心を開き、違いを認めつつ相手を尊重し、好奇心を失わず人の話に耳を傾け自分の世界を広げていき、ねたみや怒りにとらわれない生き方です。自分の人生を大切にしながら、子供を一個の人格として尊重し、何でも親の思い通りになるものでないことを承知しつつ、子供の努力で可能になる程度の成長や成果を期待し、助言し、必要に応じて「重要な

善悪のけじめ」を教えるためには正面からぶつかる気力と覚悟も持ち、温かい言葉と視線で見守る、それが理想の形です。

5 ＜大人をほめる＞

　ほめるということは、夫婦や友人、同僚の間など大人同士でも大切なものです。それは、相手を励まし勇気づけるだけでなく、人間関係をも柔らかいものにします。よい結果を出した人があれば率直にほめればいいし、結果が出なくとも志が良いと思えたら共感できると励ませばいいのです。

　ほめることは決して自分の値打ちを下げるものではありません。劣等感や不安や不満の強い人ほど、人をほめることができないのです。人をほめることが自分の負けや劣っていることを認めることになるような気がするからです。自分に自信のある人やほめられた経験が豊富な人が、その喜びや幸福を人にも返します。

　事実でないことや自分が本当はそう思っていないことで人をほめるのは、そこに相手へのからかいの気持ちがあれば「おだて」になります。相手へのへつらいの気持ちがあれば「ごますり」になります。そこには相手への思いやりもやさしさもないし、最も大切な真実もありません。

　しかし、真実であるならばそれが上役でも同僚でも部下でも、また長年連れ添っている妻や夫であっても「立派ですね」「偉いね」「上手だね」と本人に告げてあげることに臆病になる必要は全くありません。

　ほめられて、それがさらに良い方向に変化・成長しようするエネルギーとなるのは、大人でも同じことなのです。

Ⅳ 家庭に生かすカウンセリング

1 ＜母親と子供＞

　　家庭の中の対話については、まず母親と子供の対話を取り上げます。ここでも場面の設定をして、AとBの二つのパターンを比べてみましょう。
　　小学校4年生の男の子が家に帰ってきます。今日はテストを二つ返してもらっています。いつも苦手な算数は35点ですが、社会で95点をもらって気分は上々です。早く家に帰って95点の社会を見てもらおうと思っています。

＜会話A＞

子1「………」
母1「何や、黙ったままで。『ただいま』は？ 座る前に、着替えなさい。今日は、何も怒られへんかったか？」
子2「これ、テスト返ってきたで」
母2「珍しいな、自分から。どれどれ。社会が95点か。100点はおるんか」
子3「一人だけ」
母3「何や、100点もおるんか、まあしゃあないな。社会以外もがんばらんとあかんで。ん、算数が35点。何やこれ。こんな悪い点の子、他にもおるんか」
子4「いっぱいおる」
母4「ほんまかいな。あんた、掛け算ちゃんとわかってへん

やろ」
子5「わかってるて」
母5「わかってへんがな、35点やんか。わかってる子が何で35点やねん。塾も行かせてんのに。塾代も高いんやで。なんぼ払てる思てんねん」
子6「塾なんか、やめてもええで」
母6「何言うてんねん。塾行っってて35点やのに、行かんかったら、どないなるねん。ろくな点も取らんと、何えらそうに言うてんねん」
子7「塾代高いて言うから」
母7「何もお金が惜しいて言うてんのとちがう。それであんたがちゃんと勉強してくれたら安いもんや。35点なんか取ってたら、35点並の人生しか送られへん。あんたの将来のこと思うて、塾代も払うてんのや。感謝しなさい」
子8「せやから、僕は別に行きたないて……」
母8「わからん子やなあ。行きたくなくても行かなあかんのや。みんな自分の好きなことばっかりしてられへんのや。そのかわり、がんばったらええこともあるやろ。100点取ったら、500円あげるて言うてるやろ」
子9「100点なんか無理や」
母9「そんなことあるかいな。努力もしてみんと無理や無理やて言うてるだけやろ。あんたは何でもそうや。お父さんにそんなとこよう似てるわ。お父さんもすぐ『どうせあかんわ』て言うやろ。初めからそんなん言うてるから、ほんまにあかんようになっていくんや。運動

会の組み立て体操のときも、初めからでけへんて言うとったやろ。そんな気持ちでやるからケガするんやて、あの時も言うたやろ……」

〈会話B〉

子1「………」
母1「おかえり」
子2「これ、テスト返ってきたで」
母2「どれどれ、社会が95点。すごい。きのう勉強しとったからな、うーん」（ゆっくり答案を見ている）
子3「100点のやつもおったけどな」
母3「そうか。それでも95点はすごいで」
子4「社会はまあ、もともと得意やから」
母4「何か得意があるのはええことや。（答案を見ながら）ふーん。こんなこと、よう知ってるなあ。たいしたもんや」
子5「間違ったのも惜しいとこやねん。それわかっとったんやけど、二つ書かなあかんのを一つしか書けへんかったんや」
母5「何で一つしか書けへんかったん？」
子6「問題に『二つ答えよ』て書いてあるの、読めへんかったんや。落ち着いて読んだらよかった」
母6「そうやなあ。それやったら100点やったなあ」
子7「もし100点取ってたら、何か買うてくれたか」
母7「それは別やなあ。100点取ったら自分でうれしいやろ。お母さんもうれしいし、それでええ十分やん」

子8「100点取ったらお金もらうやつもおるねんで」
母8「それは、その家の親の考え方や。晩ご飯も、見るテレビも違うみたいに、それぞれの家にはそれぞれの考え方があるんや」
子9「何か、僕、損やなあ」
母9「まあ、そう思うかなあ。けど、勉強した分は全部自分に返ってくるんやで。……あれ！　何やこれ、算数35点やんか。掛け算の問題やな」
子10「わかってるんやけど、ミスしたんや」
母10「どんなミスや？」
子11「×と＋の順番をまちがってたんや」
母11「もうわかってんのか」
子12「もう、バッチリ」
母12「95点も取れる子やからな。信用しとくわ」
子13「100点のほうびもないかわり、35点の罰金もなしやな」
母13「そらそうやなあ」

　対話というのは、言葉のキャッチボールです。相手の言葉をしっかり受け止めて、自分からも言葉を返していきます。どちらかが一方的に話しているのは、説教です。
　＜A＞の方では、次第に母親の話す量が増えていき、対話でなくなっていることがわかります。家庭内でのそれぞれの人間関係における対話の形は、年月を経てパターン化してしまっていることが多いようです。母親が一方的に話す・説教するという形の中では、子供は次第に話す意欲を失っていきます。そして、親にとって「喋らない」「何を考えているのか

わからない」子供になっていくように思います。わからなければ聴くのが一番なのですが、じっくり耳を傾けて聴くことができずに、「質問攻め」「問いただし」に終始して、一層子供の口を閉ざさせてしまうという状態になっていきます。

そういう視点で＜Ａ＞＜Ｂ＞を比べてみて、まず気づくのは、同じような時間の経過の中でＡの子供の発言が８回で、Ｂの子供の発言が12回あることです。＜Ａ＞の子供の「言わせてくれない」「聴いてくれない」という思いが伝わってきます。このまま中学生、高校生になると、話をしなくなるか、大きな声で怒鳴り返すようになるか、その子の持っているエネルギー次第で変化していくように思われます。

さらに、細かく＜Ａ＞の母親の発言を検討してみましょう。

母２では、社会が95点と知ってそれをほめることもなく、「100点はおるんか」と聞いています。他との比較でないと判断できないという姿勢です。これは算数の35点についても「他にもおるんか」と聞いているのと同様です。もちろん、いろいろ情報を集めて冷静に判断するべき時はありますが、この場合は、まず手放しでほめることが子供の意欲にもつながると思います。

母４「わかってへんやろ」（決めつけ）、母５「塾代も高いんやで」（話の飛躍）など、強引な話の展開があり、母７では「35点並の人生」という発言があります。これは、母親自身が持っている価値観でしょうが、それを子供に押しつけています。学校の学習が大切であることはわかりますが、その成績がそのまま社会生活での幸不幸につながるものでないのは明らかです。努力しても成績が上がらない子供には、将来を悲

観させる結果しか生みません。

　母7「感謝しなさい」(恩着せ)、母8「500円あげる」(物でつる)、母9「お父さんに……似てる」(八つ当たり)「運動会の……」(過去のむしかえし)等、子供を育てるという面から見ても、決してよい影響を与えるとは思えない接し方や発言が続きます。

　しかし、一番問題なのは＜A＞のお母さんが「子どもの気持ちを受け止めようとしていない」「子供の立場で考えてみようとするところがない」点でしょう。忙しい親ほど、子供の顔を見たときにまとめていろいろ言うようです。それは、次第に注意や説教となっていきます。

　そんなつもりはなかったのに、気がついたらまたお説教していた。お説教している間にだんだん本気で腹が立ってきて、あのこともこのことも思い出して引き合いに出して怒ってしまった。……そういうときの言葉は、どのくらい子供の心に響いているのでしょう。

　ふっと冷静な目で子供の顔を見てみる余裕があれば、心も耳も閉ざしている子供の表情が見えるかもしれません。注意や説教をしておけば何か安心、それだけでは困ります。

　＜B＞の母親については、「甘すぎて子供がわがままになってしまう」「何か本気で相手をしてくれていないように感じる」という感想が出ることもあります。文章表現だけでは、「受け止めているのか」「受け流しているのか」わかりにくいところもあるためでしょう。実際、「自分に近い存在」であればあるほどカウンセリングマインドを持った接し方をするのが難しいということがあるので、自分の子供にこれだけ「受

け止めて」接しているのはかえって「不安」や「不自然さ」を感じる人もあるようです。

　＜Ａ＞か＜Ｂ＞かどちらかというよりも、どちらに近い形で子供と接しているかという問題になってくると思います。つまり、「受け止めよう」「聴こう」ということを少しでも意識していれば、子供との関係も変化してくるということです。

2 ＜妻と母の間の夫＞

　次に家庭の中の人間関係として、いわゆる「妻と母のいさかいの間に立った夫」というテーマを考えてみます。

　場面は、会社から帰ってきた夫が食事のあとに妻に話しかけられる所から始まります。そして、夫はそのあとで自分の母親とも話をします。これもやはり＜Ａ＞と＜Ｂ＞の二つのタイプの夫の対話を読んでもらいます。

＜会話Ａ＞

　妻1「あんた、またお母さんが」
　夫1「何や、またけんかしたんか」
　妻2「また……なんよ」
　夫2「お前が何か言うたんとちがうんか」
　妻3「私は……しただけよ」
　夫3「それがあかんがな。ほっとけよ、ええかげんに」
　妻4「そやから、いつもは知らん顔してる」
　夫4「知らん顔はないやろ、ちょっとはやさしい顔したれよ」
　妻5「初めの頃はしてたわよ。けど、限度があるわ」
　夫5「お母はんも昔からいろいろ苦労しとる。年寄りなんや」

妻6「あんなに元気やのに」
夫6「元気で有り難い思えよ。寝込まれたら、お前大変やぞ」
妻7「なんで私だけなんよ。あんたの親でしょ」
夫7「わかってる、わかってる。俺は仕事で忙しいんや。疲れてるんや」
妻8「いつでもそれや。結局私に押しつけて、自分は逃げてばっかり（泣く）」
夫8「ええかげんにせえ、もううんざりや」
妻9「ほなもう私が好きにしてもええのん。お母さんが……するんやったら私も……するわ」
夫9「勝手にせえや」

（その後で）

母1「お前、また〇子さんが」
夫1「何や、ええかげんにしてくれよ」
母2「そう言うても……なんよ」
夫2「それはお母はんが……したからやろ」
母3「〇子さんがそう言うてたんか」
夫3「そうや」
母4「それは違うねん。〇子さんが……したんや」
夫4「〇子も一生懸命やっとるんや、あれでも」
母5「せやけど、こんな年寄りに……て言うんやで」
夫5「お母はん、そんなに元気やないか」
母6「がんばってそう見せてるけど、いろいろしんどいんや」
夫6「今頃から寝込まれたら世話でけへんぞ」
母7「〇子さんの世話には絶対ならんから」

夫7「ぼけたらわかれへんやろ」
母8「お前にそんなこと言われるやなんて、情けない。長生きなんかするもんやないわ（泣く）」
夫8「ええかげんにしてくれよ、会社でも家でも」
母9「ほなもう私もがまんせえへん。私も……するで」
夫9「勝手にしてえな」

　＜A＞の夫は妻に対しては母の代弁をします。母に対しては妻の代弁をします。つまり、妻の気持ちも母の気持ちもどちらも理解できる部分があるのですが、それを本人には伝えずに反対の側の立場になって話しているのです。それで、妻にしても母にしても、「自分の気持ちや立場が理解されていない。理解してほしい」という思いが一層つのって、不満や怒りを訴えます。

　それに対して夫の方には、その怒りや不満を認めたり理解したりすれば、「勝ち誇った相手が自信を得てさらに言動をエスカレートする」という不安があるのでしょう。また、「一方だけの味方はできない。どちらも悪いのだ」という思いもあるのでしょう。そして、相手を押さえ込まないと問題は解決しないと考えているようです。説得できずに相手が一層不満を訴えるのに対して「知らん」「勝手にせえ」と突き放します。妻も泣くし、母も泣くし、夫自身もいやな気分になって、結局みんながイライラを増幅させているのです。

　このままでは夫は家の居心地が悪くて、次第に家に帰るのが遅くなるか、家に帰ってもテレビや酒などで自分の世界に閉じこもろうとするでしょう。そして、妻と母親の二人の間

の緊張を緩める働きのできる人もなく、一層ピリピリとした関係となっていく可能性が高いのです。

＜会話B＞
妻1 「あんた、またお母さんが」
夫1 「何や、どうした」
妻2 「また……なんよ」
夫2 「困ったもんやなあ。きっかけは何や」
妻3 「わからんけど、私が……したからかなあ」
夫3 「……したんか」
妻4 「ずっと……やから……したんよ。その前からお母さんが……してたから」
夫4 「よかれと思ってしたのが、通じんかったんやな」
妻5 「いつもそうなんよ。何でも悪いようにとって」
夫5 「お母はん、何でそうなんやろなあ」
妻6 「私が悪いて言うのん」
夫6 「いや、お前はようやってくれてるよ」
妻7 「ほんまにそう思てんのん」
夫7 「思てるよ」
妻8 「まあ、あんたがわかってくれてたらいいけど」
夫8 「わかってる。年寄りや思て、できるだけ頼むわ」
妻9 「元気な年寄りやわ」
夫9 「元気でおれも助かってる」
妻10「それはまあ、そうやけど」
夫10「まあ、よろしく頼むわ」
（その後で）

母1「お前、また○子さんが」
夫1「○子が何かしたんか」
母2「それが……なんよ」
夫2「困ったもんやな。何でそんなことするんかなあ」
母3「わからんわ。こんな年寄りに」
夫3「そうか、大変やったなあ」
母4「ほんまや、もうずっと……なんやから」
夫4「ずっとがまんしてんのか。やられっぱなしか」
母5「そんなこともないけど。私も……したるけど」
夫5「へえ、お母はんも……すんのか」
母6「そら私かて腹立つがな」
夫6「まあ、我慢しっぱなしは体にも悪いわなあ」
母7「ほんまや。大体あんたが甘すぎるから○子さんも調子にのってるんや」
夫7「そうか、俺が悪いか」
母8「そうや、もうちょっとしっかりしいや」
夫8「しっかりした人二人もいてて、ようしっかりせんわ」
母9「なに頼りないこと言うてんねん」
夫9「えらいすんまへん」

　＜B＞の夫は、「もめごとには両面それぞれ二つの言い分と立場があり、どちらにも聴くべきところはある」という姿勢で対応しています。妻も母も自分の不満や言い分を受け止めてもらえて、少し自分のことなどを振り返る余裕も生まれています。
　文句や不満というものには、具体的な要求をしているもの

と、「ただ聴いてもらえば気のすむ」ものがあります。例の場合の妻や母も、受け止めて聴いてくれれば気がすむのに、理解されないことにいらだちをつのらせていきます。もちろん、例えば妻が「別居したい」とはっきり要求しているのに、「そうか、そうやろねえ」では事は済みません。しかし、日頃から＜Ｂ＞の夫のような受け止め方をしていれば、そこまで深刻な状態になっていくのを避けられるかもしれません。

　＜Ｂ＞の夫に対しては、「八方美人みたい」「調子がよすぎる」という批判が出ることもあります。イソップの寓話で、「鳥と獣がけんかをしたときに、コウモリは両方に『私はあなた方の仲間ですよ』と言い歩いたために、両方から仲間外れにされた」という話があります。そのコウモリと同じ扱いにして、「節操がない」というのです。しかし、＜Ｂ＞の夫は、妻や母に自分からとり入ろうとしているのではありません。「私が受け止めて理解して、それで気がすむのならいくらでも聴きましょう」という姿勢です。陥れようとか、だまそうというのでなく、根底に流れるのは愛情ではないでしょうか。

　それから、「＜Ｂ＞の夫みたいにしてたらストレスがたまりそう」という意見も出ます。しかし、＜Ｂ＞の場合は家庭の雰囲気も柔らかくなり、夫自身も周囲から優しくされると思います。＜Ａ＞の夫の方こそ、言いたいことを言っていますが、反発され居心地悪く、ストレスもたまるのではないでしょうか。

　この場合もやはり＜Ａ＞と＜Ｂ＞それぞれ極端に分けてありますが、少しＢの方に近づけることを心がけるだけで、家庭の雰囲気も変わると思います。

V　子育てに生かすカウンセリング

1 ＜共感性を育てる＞

　共感というのはカウンセリングの基本です。しかし、カウンセラーでなくても共感性豊かな人はたくさんいます。共感性の高い人は他人の思いを自分のことのように感じることのできる人です。それは、他人の悲しみや痛みを想像し共有できるということでもあります。

　そのため、共感性の高い人は、他人の物を盗ったり傷つけたり差別したりということのできにくい人だと言えます。物を失った人の悲しみや傷ついた人の痛みを自分のことのように感じ、それを想像することができるからです。

　他人を傷つけたりすることを避けようという心の働きは、傷ついた人の痛みや怒りやその家族の悲しみが想像でき、さらにそれを感じる自分の心の痛みやそのことを知った自分の周囲の人々の悲しみまでを、経験的に感じるところからくるものです。

　それを感じることのできない人には、「人を傷つけたら、やり返されるよ」「人を傷つけたら、罪になるよ」という報復への恐れや法律で、行動を束縛していくことが必要になります。しかし、理屈や法律だけで束縛しているならば、「誰にも見つからない」と本人が思い込んだときの歯止めにはなりません。ところが、共感性は、どのような状況においても攻撃性や利己主義の歯止めになります。

子供には、「人を傷つけるのは悪いことだ」と理屈で教えるよりも、「傷つけられた人の気持ちになれる」共感性を育てることの方が、まず大切です。
　そして、共感性を育てておくことが、「人の迷惑にならない、決まりを破らない」態度を身につけさせ、共同生活のルールやマナーを教え、社会生活に適応させていくことの基礎になります。
　それでは、子供の共感性はどのようにすれば育つのでしょうか。共感性というのは観察学習によって身につくものだと言われています。自分の身近な人が共感性を持って生活している姿を見て、それを自分の行動の中に取り入れるのです。まさしく、見て学ぶ、「子は親の鏡」という部分です。その中にも、二つの側面があります。
　一つは、親が自分に共感してくれているという経験です。
　乳児の頃、不快で泣いていればそれを理解して快適な状態にしてくれたという信頼感の芽生えから始まり、幼児の頃に十分に言葉で伝え切れない自分の気持ちを受け止め理解してくれたという体験、そして、成長に従い様々な形でぶつかる問題や悩みでつらい思いをしている自分の痛みを理解してもらえたという満足、それらが積み重なって子供の中に共感性を育てていきます。
　親自身が子供に対して共感性を持って接しているかどうか、自分で振り返ってみるのは難しいものです。それを振り返る一つのヒントとして次のような場面を考えてください。

「小学４年生の自分の子供が河原の岩の上をピョンピョン

> 飛んでいます。岩がグラグラしていて危ない感じなので、『危ないからやめとき』と声をかけます。それでもやめないので、もう一度声をかけたら『平気、平気』と言って飛び続けています。心配で見ていたらやっぱり岩から滑って落ちました。そばに走りよってみると、膝をすりむいて血が少し流れ、泣きべそをかいています」
>
> 　このときあなたは、まず「大丈夫か、痛いか」と声をかけますか。「だからやめときと言ったやろ」と叱りますか。

　「心配やから、大丈夫かと言うに決まっている」と思う人は、共感性を持って子供に接していることと思います。言うことを聞かなかったことに腹が立って自業自得だと思う人は、子供に対しての共感性が低いのではないでしょうか。そういう人は、それを自分で意識して子供の気持ちになって接することを心がけた方がよいと思います。特に両親ともに後者の場合には、子供はつらいでしょう。

　子供の共感性を育てるために必要なもう一つは、親自身が小さな生き物の命を慈しみ、隣近所の不幸に心を痛め、テレビなどで知る遠方の地の災害などに対しても悲しみと同情を持つ姿を見せていることです。これらの姿を子供は文字通り「見習う」のです。
　親が小さな生き物や動物の命をどう扱うのか、それらと金銭やその他の欲望とどちらに比重を置くのか、また他人の不幸にまず好奇心を持つのか同情心を抱くのか、それらについての親の姿を、子供は自分の行動の中に取り入れていきます。

以上の二つの側面を満たされた子供が共感性豊かに育つのです。そういう子供が簡単に人の心を踏みにじったり、生命を奪ったりできるはずがありません。そして、また自分も共感性豊かな子供を育てることができるのです。

2 ＜エネルギーを与える＞

　ルールを守るとか生活習慣を身に付けさせるというのは、子供にとって「我慢」「忍耐」や「苦痛」を強いる要素があります。また、子供も成長するにつれて、誘惑や怠惰に負けてしつけの縛りから逃れようとする思いも芽生えてきます。そこで、そういう誘惑に負けない心のエネルギーを養っておく必要があります

　子育てにおいての保証というのは、子供をまず肯定的に見ることでしょう。肯定的に見るというのは、「子供の成長する力を信じる」ということです。「おまえにはそんなことはできない」「おまえはだめだ」という否定的な接し方をすると、子供は自信も意欲も失っていきます。そして、自己否定や攻撃性が強くなっていきます。

　子供の成長する力を信じる以上、励ましと期待はもちろん必要ですが、子供の実際の姿や能力を超えた過度な期待は逆効果となります。過度な期待は、いつかそれに応え切れないことに子供が気づきます。その時、子供にとってそのことが「親の期待を裏切った」という罪の意識となったり、「期待に応えられない自分がここにいていいのだろうか」という不安になったりもします。さらに、「生きていていいのか」という存在の不安にまでなっていくことさえあります。

保証というのは、「期待に応えてくれるから必要なお前なのではなく、お前の存在そのものが大切なのだ」という思いを子供に伝えてあげることです。それは「ここにいていい」という安心を与えることでもあります。
　いい子であり続けること、期待に応え続けることができなくなり、精も根も尽き果てたという感じで、学校にも行けなくなって家にこもる子供もいます。特にそういう子供にとっては、「もう無理をしなくてもこのまま家にいていいのだよ」という保証を本気で与えられたと感じられたときに、外に向けての一歩を踏み出すエネルギーが生まれるようです。
　子供にとって「自分は不必要な存在なのではないか」という不安は大変つらいものです。よく、子供にも家事を分担させようとか家庭での役割を与えようと言われるのは、何か家の中での役割を担っているという意識が「子供に自分の存在意義を形で実感させることの一つ」であるからです。
　また、受容とは「見守る」「受け止める」ことです。幼児も親が自分を見守ってくれていないと感じると不満と不安を感じ、かえって親のそばから離れなくなります。まず、関心を持って子供の行動を見守ることです。先に口を出したり手助けしたりせず時間がかかっても待つこと、そして結果がどうであれ、努力し挑戦しようとしたことをほめることです。
　「受け止める」ことはカウンセリングそのものです。例えば、子供の話は真剣に集中して最後まで聴くことです。いい加減に聞いていたり、途中で反論したりしていると子供は確実に心を閉ざしていきます。そうなってから「話してくれない」「何を考えているのかわからない」と思っても遅いのです。具

体的には、「Ⅲ　家庭の中のカウンセリング」の中の＜母親と子供＞の会話を参考にしてください。

　保証と受容を十分に与えられないと、子供はそれを求めてかえって幼い頃から「いい子」を演じ続けることもあります。しかし、エネルギーが不足してほとんど思春期で息切れしてしまいます。前述のように登校拒否や引きこもりなどという形で休息することにもなります。そういうケースでも、思春期に完全に動けなくなってしまう前に小学校や中学校で何度か子供はサインを出していることが多いのです。

　しかし、小学校の頃に身体の不調や原因不明のしんどさを訴えて学校を休み、「今のままでは私は息切れしてしまう」とサインを出してきても、強引に学校へ連れて行ったり迎えに来てもらったりして表面的に乗り切ってしまうこともあります。その時に、親子関係を見直したりじっくり子供と向き合ってみることが必要なのです。説得や力で乗り切ってしまうと、高校などで本格的に動けなくなることが多いものです。

　高校で動けなくなった子供には、力づくや脅しや説得はもう効果がありません。幼児期からの育て直しをするくらいの覚悟で付き合わねばなりません。「受容」と「保証」の付き合いです。小学校の時のサインに応えるよりも、はるかに時間と労力のいる付き合いです。

3 ＜価値観を押しつけない＞

　カウンセラーがクライエントに自分の意見を押しつけることはまずありません。積極的に意見を言うことさえ少ないのです。しかし、親子の場合はまた違います。親が子供に対し

て積極的に意見を言わない場合、子供の方で「自分は期待されていない」「自分は関心を持たれていない」と感じる場合もあります。子供を見守り、必要に応じて意見や助言をすることは重要です。ただし、子供の成長とともに自分とは違う独立した人格であることを認め、一方的に自分の価値観を押しつけないことも必要です。

　例えば、有名中学を受験するため小学校から塾に通って余裕のない生活をしている子供もいます。これは、大抵の場合親の側からの「有名中学＝将来の幸福」という価値観によるものです。もちろん「子供の将来の幸福を願う親心」も半分はあるのでしょうが、残りの半分は「自分たちのできなかったことを果たしたいという代償心理」や「自分たちの見栄」という部分もあると思います。そういうことを自覚して、「お金もかかっている」と恩に着せないことと、子供に逃げ道を作っておくことが必要です。

　逃げ道を作っておくというのは、「有名中学に入れなければ幸福になれない」「一流大学に進めなければ幸福になれない」という価値観を子供の中に刷り込んでしまわないことです。

　それを刷り込まれてしまって、受験を失敗し地域の中学に通うことになった子供は悲劇です。中学生にして、自分は幸福のレールから外れてしまったという挫折感を持って生活していかねばなりません。また、幸いにして合格したとしても、もちろん内部で順位は１番から最下位まであるのです。学習についていけないと感じたときに、「もうこれで幸福の道はない。人生は終わった」と感じたとしたらそれも悲劇です。

　「勉強することで自分の人生の選択の幅を広げるのだ」とい

う教えはいいとしても、「勉強ができなければ幸福にはなれない」という教えは、子供が挫折したり限界を感じたときの救いをなくしてしまいます。

その他、子供の人生の幅を狭いものにしてしまうような価値観の押しつけは決して子供の幸福にはつながりません。

例えば、差別的な人権感覚や偏見を子供に伝えることは、社会での交際の幅を狭くさせ孤立させてしまうことにもつながります。これからの「違いを認め合い、共に生きる」社会においては、家柄・国籍・人種・民族にこだわり、偏見を持ち続けることは、その人自身が楽しく幅広い人生を送れなくさせてしまう状況につながっていくと思われます。

4 ＜叱り方を考える＞

叱るよりもほめること、欠点をなくすより長所を伸ばすこと、そう心がけるのが大原則ですが、わかっていてもできないのが親子関係です。本気で叱るべきときはもちろんありますし、本気で怒る・叱る・説教する・話してきかせることも避けては通れない道です。また、感情的になるなと言われても「今までこれだけ面倒みてきたのに」とか「これだけ言ってきたのに」とか「自分の子がどうして」等々、怒りが込み上げてきて爆発してしまう気持ちもわかります。普段から子供としっかり向き合っているのならば、それもまた親子関係の一つと思えます。

それでは叱るときの留意点について考えてみましょう。

まず、殴ったり蹴ったりの暴力を使わないことです。

暴力というのは麻薬のようなもので、一度使い出すと止ま

らなくなります。初めに子供が何か悪いことをして一回殴ったとします。次にもう少し悪いことをしたら、二回殴ることになります。子供は成長とともに起こす事件や問題や失敗も当然大きくなっていきますから、それに合わせて暴力も拡大していかねばなりません。そして、とうとうとんでもなく悪いと親が判断する行為をしたとき（例えば、一方的に人を傷つけてきたとか）すでに、親の暴力が限界に近い所へ達しているならば、それ以上親は何をできるのでしょう。他人や専門機関に頼るしかないでしょう。

　また、暴力的な子供は必ず親から暴力を受けています。怒りの感情の爆発させ方も、子供は親をモデルにしています。

　例えば、不登校などから家庭内暴力になる子供の場合も、やはり過去に親から暴力を受けていることがほとんどです。親から直接暴力を受けたことがないのに家庭内暴力になっているケースでは、子供は家具や物を壊して暴れているだけで直接親を殴ったりはしていないものです。

　親の常習的な、あるいは気分次第の気紛れな暴力から、子供の反省や意欲や向上心を生むことはありません。生み出すのは、恐怖や萎縮や反抗、憎悪だけです。親の暴力への憎悪や不満は、自分より弱い者への攻撃となって現れてくることが多いのです。そして、暴力的に育てられた子供はまた自分の子供を暴力的に育ててしまうことが多いようです。

　兄と弟がけんかをしています。兄が弟をたたいたので、父親が口を出します。「こら、暴力はやめろ」。兄が言います。

> 「こいつが悪いんや」。父親は「口で注意したらいいやろ。と
> にかく暴力はいかん」と言います。その後、また兄が弟をた
> たいています。父親が「こら、たたいたりするな」と怒り
> ます。兄はふくれています。そして、三度目に兄が弟の足をけ
> っているのを見て、父親は爆発します。「暴力はあかんと何度
> 言ったらわかるんや」と怒鳴りながら、兄の方を殴りつけま
> す。家族の中の「抜け出せない暴力のパラドックス」です。

　気分次第で、自分がイライラしている時、ついつまらない
ことでも子供を怒鳴りつけてしまう、殴ってしまうと反省さ
れている方は、その時に後悔した気持ちを文章に書いておく
とよいでしょう。さらにその文章には、子供がしてくれて嬉
しかったこととか、いい子だなと思ったこととかも書いてお
くといいのです。一度書いておくといちいち見なくても内容
は思い出すものですから、爆発の歯止めになることもあるで
しょう。子供との信頼感や良い関係は一度つぶすと回復に時
間がかかります。やっと回復しかけた時に、不要な爆発をし
てしまうという悪循環ができていることも多いようです。自
分がイライラしていると思う時には、子供の様子から目をそ
らしておくというのも一つの方法です。
　それから、叱る時に気をつけたいのは、「具体的に、短く」
叱るということです。「何が悪いのか」をはっきり指摘して、
どうしてそうなってしまったのかという経過や心情を問いか
けます（この問いかけは、一対一よりも、聴き役と指摘役の
二人が居ることが望ましい）。それから、本人に「どうすれば

よかったのか」という具体的な方法や考えを示します。

　しかし、親の側には「本当にわかったのか」という不安があるので、ついクドクドと繰り返し、最後は「恩着せ」や「愚痴」になってしまうこともありますが、注意が必要です。クドクド繰り返しているうちに感情的になってしまい、「もう勝手にせえ、もう知らん」とか「出て行け」と怒鳴って、それまでの話し合いを一気に無効にしてしまいかねないからです。愚痴を繰り返さず、投げ出さず、一歩手前で切り上げるというのも重要です。

　どうしても一対一にならざるを得ない時には、「もうそのへんで」「もうわかってるよね」と切り上げるタイミングを与えてくれる人がいないことを十分考慮に入れ、自分一人で叱り役ととりなし役の両方を演じることを意識の中に置いておかねばなりません。

　「叱り方の十か条」を、次ページの表にまとめておきます。

5 ＜スーパーバイザーを持つ＞

　カウンセラーも、いつも人の悩みを受け止めていると疲れてきます。また、自分自身の対応に悩んだり不安を感じることもあります。そういう時に、カウンセラーの話を聴き、助言もしてくれるのがスーパーバイザーです。

　家庭での子育てにおいて親もスーパーバイザーを持てればどんなに精神的に楽かと思います。かつては、近所のもう子育てを終えたおばさんが若い親にとってのスーパーバイザーであったり、家庭の中でも祖父母がその役を果たしていたりしていました。しかし、核家族化と近隣の人間関係の稀薄化

叱り方の十か条

その一　いけないことはいけないと、わかりやすく本気で言う

その二　子どもの人格そのものを否定するのでなく、行為を否定する

その三　日によって叱ったり叱らなかったり、気分次第にならない

その四　何がいけないことなのか、夫婦で一致させる

その五　どうしてほしいのか、具体的に示す

その六　他の子との比較やいやみを避ける

その七　そのときに言っておきたいひとつのことについて叱り、話を広げない

その八　反省がみられたらくどくど繰り返さず、引き際を早く

その九　暴力は子どもとの関係を破壊してしまうことを忘れない

その十　一回で変わらなくても、次の機会に、粘り強く

から、子育てに関して親は、外からの情報に振り回されつつ孤独に悩むという状態を余儀なくされています。

　そんな状況の中で、父親が子育てに参加せず母親一人に押しつけるならば、母親は孤独感から過保護になるか、不安感からヒステリックになるか、無力感から甘くなるか、いずれにしてもよい結果を望むのは難しいでしょう。たとえ父親が仕事に忙しく直接子供と触れ合う機会が少ない場合でも、せめて母親の育児の相談役として十分に、共感と受容と関心を持って日々の話を聴く必要があります。そして、それはただ話を聴いてもらえば気がすむという問題でない場合も多く、共に悩み共に考えるべきことがたくさんあるはずです。

　望ましいのは、父親と母親が子供に向き合い、触れ合って子育てをしていくことです。子育てや子供の状態について常に話し合い、「子供をどう育てたいか」「何を守らせたいか」などについて二人の考えを一致させていく必要があります。

　よく、父親と母親の態度がバラバラではいけないと言われますが、それは子育ての考え方や家庭のルールについて一致させておかねばならないということです。父親が激しく叱っているときには母親も一緒に激しく叱らねばならない、ということではありません。核家族において、両親が一緒に厳しく迫れば、子供には逃げ道や救いがありません。

　一方が厳しく激しく子供に迫っているときに、もう一方が子供の聴き役に回ったりタイミングを見て助け舟を出したり、事態を治める方向に動くのも大切です。そして、その展開や今後の方針について、後で両親が二人でゆっくり話し合うことが重要なのです。子供に対する見方が違うところもあ

る、それぞれ異なった環境で育った夫婦が、それぞれの経験や考えを出し合っていくことで子育ての幅を広げることになります。そのような夫婦の関係ができていれば、それぞれがお互いにとってのスーパーバイザーとなれるのです。

　子育ては夫婦の共同作業です。それをまず両親がしっかりと自覚していることが重要です。

Ⅵ 子供とのかかわりチェック

　自分の子どもに対するかかわり方に一番近いと思うものに、○をつけてください。

(1)おこずかい
- (　) ①足りなくなったらそのつど渡す
- (　) ②一定額だけ渡す
- (　) ③学校に必要な程度しか渡さない（渡さない）

(2)進路
- (　) ①親の望む進路をはっきり伝えている
- (　) ②必要に応じていろいろ助言している
- (　) ③子どもに任せている

(3)副食（おかし）
- (　) ①好きそうな物を買い置きしている
- (　) ②頼まれたら買ってくる
- (　) ③子どもが好きにしている

(4)塾・習い事
- (　) ①親が決めている（行くも行かないも）
- (　) ②子どもと相談して決めている（行くも行かないも）
- (　) ③子どもに任せている

② 人間関係に生かすカウンセリング

(5)服の購入
- （　）①必要な物を定期的に買ってくる
- （　）②頼まれたら買ってくる
- （　）③子どもが好きにしている

(6)勉強
- （　）①よく宿題をみたり勉強を教えたりしている
- （　）②時々宿題をみたり勉強を教えたりしている
- （　）③宿題をみたり勉強を教えたりしない

(7)旅行のしたく
- （　）①必要な物を調べてすべて用意する
- （　）②子どもから言われたものを用意する
- （　）③子どもに任せている

(8)友人
- （　）①つき合って良い（良くない）友人を親が選んでいる
- （　）②どういう友人とつき合っているかよく知っている
- （　）③友人関係についてあまり知らない

(9)学校でのもめ事
- （　）①親が解決方法を考え、解決のために行動する
- （　）②子どもの話を聞くことを中心に対応する
- （　）③子どもに任せる（相談してこない）

(10)服装・頭髪 　
- (　) ①親の望む服装・頭髪にさせている
- (　) ②限度を超えた服装・頭髪には注意する
- (　) ③子どもに任せている

(11)学校行事
- (　) ①運動会・授業参観など都合をつけて必ず見に行く
- (　) ②運動会・授業参観など時間があれば見に行く
- (　) ③運動会・授業参観などほとんど行かない

(12)ゲーム・テレビ
- (　) ①時間を決めて守らせている
- (　) ②一応見すぎ（やりすぎ）ないように言っている
- (　) ③子どもに任せている

(13)絵本・物語り
- (　) ①お話や絵本読みを、よくしてあげる
- (　) ②お話や絵本読みを、時おりしてあげる
- (　) ③お話や絵本読みを、ほとんどしてあげない

(14)あいさつ
- (　) ①子どもは「おはよう」「ただいま」等あいさつをする
- (　) ②子どもは家ではあいさつをする時としない時がある
- (　) ③子どもは家ではあいさつはほとんどしない

(15)親子の時間
- (　) ①ふれ合う（一緒の食事、遊ぶ、旅行）機会が多い
- (　) ②ふつう
- (　) ③ふれ合う（一緒の食事、遊ぶ、出かける）機会が少ない

(16)朝食
- (　) ①子どもは朝食を必ず食べていく
- (　) ②子どもは朝食を食べていかないこともある
- (　) ③子どもは朝食はほとんど食べていかない

(17)対話
- (　) ①子どもは親にいろいろ、よく話をする
- (　) ②ふつう
- (　) ③あまり話さない

(18)就寝
- (　) ①子どもに就寝時間を決めて守らせている
- (　) ②一応早く寝るように言っている
- (　) ③子どもに任せている

(19)ほめる・叱る
- （　）①良いところに目が行きよくほめる方である
- （　）②ふつう
- （　）③悪いところに目が行きよく叱る方である

(20)家の手伝い
- （　）①役割を決めて手伝わせている
- （　）②時々手伝わせている
- （　）③手伝わせていない

② 人間関係に生かすカウンセリング

＜チェックの仕方＞

○各項目について、①2点、②1点、③0点で採点し、右の表に各得点を記入してください。左側のたて一列が奇数項目、右側のたて一列が偶数項目となっています。それぞれの合計点も出してください。

○奇数項目の合計が「保護指数」、偶数項目の合計が「干渉指数」です。（各指数の合計が、幼稚園年長の子どもに対するかかわりであれば14～15、小学校6年生で「11～12」、高校1年生で9前後、成人する頃には4前後になるのが平均的な数字だと思われます。）

(1)	(2)
(3)	(4)
(5)	(6)
(7)	(8)
(9)	(10)
(11)	(12)
(13)	(14)
(15)	(16)
(17)	(18)
(19)	(20)
計	計

　○両方のバランスを見る
・保護指数が高い……甘え、自己中心、またはお人好し、のんき。
　　　依頼心の高い傾向。社会（他人）を厳しく感じる傾向。
・干渉指数が高い……素直、萎縮、無気力、または不満、反発。ストレスの高い傾向。
・両方高い……依存（密着）と反発（攻撃）の両立。非自立傾向。学力信仰。挫折によるひきこもりの可能性。

・両方低い……自主独立または反社会、非行。共感性の低い傾向。

○保護項目については、⑴から物質的（金銭を使った）保護の内容に始まり、⑲にかけて精神的（心や時間を使った）保護の内容へとつながっています。
　干渉項目については、⑵から進路や勉強など価値観にかかわる干渉の内容に始まり、⑳にかけて基本的生活習慣にかかわる干渉の内容へとつながっています。それぞれどちらに偏りがあるかも、ふりかえってみてください。

○幼い子どもに対しては、保護の高いところから始め、親（人間）への信頼と共感性を育てます。さらに、「しつけ」としての干渉も必要です。
　そして、発達に応じて、「見守る」「任せる」部分を拡大していく（保護干渉指数を下げていく）ことです。幼い頃から両方低いと、「反社会、非行」傾向が強まる可能性もあります。

○思春期に入りつつある子どもに対して、指数が両方高い場合（合計で25以上程度）であれば、次のチェックリストもしてみてください。これで、ほとんどが当てはまるようであれば、「ひきこもり」傾向が強まっていくことも考えられます。「人とかかわる」「自信を持てる」体験を積んでいくことが必要です。

　　　　（　）母親は心配性で子どもの世話を細かくする
　　　　（　）父親が子どもとあまりかかわらない
　　　　（　）小さい頃は手がかからず素直だった
　　　　（　）自分にできることでもすぐ親に頼もうとする
　　　　（　）外で遊ぶより家で遊ぶ方が好き
　　　　（　）テレビゲームなど一人での遊びが好き
　　　　（　）親友と呼べる友人がいない
　　　　（　）カラオケやスポーツなど発散できる趣味がない
　　　　（　）いじめられた経験がある
　　　　（　）人見知りやあがり症がある
　　　　（　）言葉で自分の思いを表現するのが苦手
　　　　（　）物事の考え方が悲観的
　　　　（　）自分なりのパターンにこだわる
　　　　（　）自分の身なり・服装に頓着しない
　　　　（　）自分の世界以外のことに関心が薄い

○指数が両方低い場合（合計で10以下程度）であれば、次のチェックリストもしてみてください。これでほとんどが当てはまるようであれば、「反社会、非行」的傾向が強まっていることも考えられます。本人の行動に目を向け、正面から真剣にかかわっていくことを考える必要があるでしょう。

　　　　（　）母親は甘い。金や物をよく与える
　　　　（　）父親は家庭に関心が薄い

(　　) 小さい頃から手がかかった
(　　) 夜が遅く、朝起きられない
(　　) 家にいるより外で遊ぶ方が好き
(　　) 勉強が嫌い
(　　) 友人とのつきあいが多い
(　　) 金遣いが荒い
(　　) 人見知りをしない
(　　) 言葉で自分の思いを表現するのが苦手
(　　) その場が楽しければよいという考え方（刹那的）
(　　) 気分や行動がすぐ変わる（あきっぽい）
(　　) 自分の身なり、服装への関心が強い
(　　) 嘘が多い
(　　) すぐカッとなる。短気

Ⅶ　子供とのかかわりのヒント

> 1 「子供はあまりかまわずに、自由にのびのび育てるのがいいのでしょうか」

　生まれた子供に、親はいろいろな願いと期待を持ちます。やさしく思いやりのある子供になってほしい。元気で強く育ってほしい。親孝行をしてほしい。それでも、一生面倒をみて育てたい、と願う親はほとんどいないはずです。子供が大人になったとき、社会人として自立して暮らしていけるようになってほしいと願って、親は子供を育てます。もしも、子供が成人して働くようになった時に、まだ親がその子供（実際には大人）の面倒をみたり、何かと保護したり干渉したりしなければ生活できないようなら、それは大変困ったことです。

　社会人になってからも何かと親に頼ったり親をあてにしたりしないよう、「子供に任せる」という姿勢で育てるのは確かに大切なことです。「子供に任せる」という親の姿勢が、子供の「自分で考えよう」「自分で生きていこう」という力を育てるのは事実です。

　それでも、「子供に任せる」ことを一番のモットーに、何かにつけて「子供任せ」「本人任せ」で育てていくのが、いつでも正しい

とは言えません。

　生まれたての赤ん坊を「本人任せ」で放っておけば、すぐに衰弱死するでしょう。「子供に任せる」ことのできない年齢というのは、当然あります。保護し、干渉しなければいけない子供の時期・年齢というものがあるのです。

　乳児にはもちろん十分な「保護」が必要です。また、育児の中で親が「干渉」することによって身につけさせていくべきこともたくさんあります。「保護」と「干渉」は子育ての基本です。

　しかし、難しいのは、必要な「保護」も適切な「干渉」も、子供にとってふさわしくない時期・年齢での「保護」や「干渉」であるなら、それは不必要な「過保護」になり不適切な「過干渉」になってしまうのだということです。
　例えば、朝、お母さんが天気予報を調べて、学校へ行く子供に「午後から雨が降りそうだから傘を持って行きなさい。はい、ハンカチとチリ紙をポケットに入れて。車に気をつけてね」と送り出しているとします。子供がランドセルを背負った小学1年生ならほほえましい光景ですが、高校3年生ならどうでしょう。また、お母さんが、帰宅した小学1年生の子供のカバンを開けて、中に入っていた絵や作文を見ているというのはほほえましい光景ですが、高校3年生の子供のカバンを開けて中に入っていた手紙らしきものを読んでいたとしたら、どうでしょう。
　同じことをしていても、子供の年齢によって、そのことの

持つ意味は変わってきます。子供の発達段階によって、同じ行為が、違う意味や違う影響を持つようになるのが子育てなのです。

「保護」も「干渉」もしながら、子供の成長に応じて次第に、信頼し、子供自身に任せていく「幅」を広げていき、少しずつ手放す状態にすることを意識しておくことです。

幼児期・児童期・思春期を経て、どんどん変化する子供の育ちに対応しながら、その時期時期にふさわしい姿勢というのがあるのです。

> 2「子供にとって必要な保護と不必要な保護（過保護）は、どう区別できるのでしょう」

「保護」というのは主に「守り、与える」ことです。具体的には次のようなものです。

①子供の存在や生命を大切でかけがえのないものとして受け容れ、守る。
②十分な愛情表現をし、子供と過ごす時間を持つ
③適切な内容と量の食べ物を与える
④寒暖に応じた快適な環境・衣服を整える
⑤家庭生活、社会生活を送るために必要な物を与える
⑥子供の要求に応じた物を与える

①や②は、精神的保護です。愛情面での保護とも言えます。これは、子供の精神を安定させ情緒面を育てます。

精神的保護が、人間に対する信頼感を育て共感性を高める鍵となります。それは、「抱きしめる」ことや「笑いかける、話しかける」ことから始まり、成長に応じて「認める、ほめる」「聴く、受け止める」ということなどで表現されます。

精神的保護を十分に受け満たされて育った子供は、成長するにつれ、親からの表面的な愛情表現を常には求めなくなります。それは自立への自然な動きです。

精神的保護が充足されずに育った子供は、「物」を「要求すること」で親の愛情を確かめようとすることがあります。あるいは、小学校に入ってから退行（赤ちゃん返り）したり、思春期に入ってから親に限度を超えた要求をしたり、必要以上に甘えたりすることもあります。

このとき、子供が本当に求めているものをわからず、要求されたとおりの「物」を与え続けていくだけでは、子供の心は満たされません。その要求は次第に、親が持て余すものとなっていきます。子供自身にも、なぜ自分がそんな要求をしてしまうのか、本当の理由がわからなくなっています。自分なりの理由を思いついたり、親以外の外部や社会に責任があるかのように思い込んだりもします。このとき子供が本当に求めているものは、愛情なのです。これまでの育ちの中で十分に満たされてこなかった「保護され、受け容れられたい」

という思いに、応えることが必要なのです。親がそのことに気づいたなら、「育て直し」を始められます。

③や④⑤は、物質的保護です。環境面での保護とも言えます。これは、子供の健康を守り体力面を育てます。

生きるため必要な物質的保護は、子供の生命を守る必要最小限の保護です。この保護さえ与えないのは、「虐待」の一つの形です。

⑥についてはどうでしょう。

これは、子供の生命を守り保護するため必要な最小限の物以外の、主に遊びや娯楽にまつわる嗜好品・贅沢品と言えます。

今の社会には、子供にとって便利で楽しい物がたくさんあります。目新しい品物も次々と発売されます。子供の求めに応じ次々と品物を買い与えていく親もいます。「みんな持っているから」と言われたら、親は弱いものです。「仲間外れにされたらかわいそう」と自分なりに納得して、与えてしまいます。子供は大した苦労も工夫もなく、「みんな持っている」流行の品を手に入れることが多いのです。

「精神的保護」を十分に受け満たされて育った子供は、成長するにつれ、親からの表面的な愛情表現を常には求めなくなる、と述べました。親から与えられる保護をむしろ拒否する方向に向かっていくのです。

それでは、自分の求めに応じた「物質的保護」を十分に受け、満たされて育った子供は、同じように、成長するにつれて親から与えられることをやがて拒否し始めるのでしょ

か。

　そうとは言えません。

　自分の欲しい物を与えられ続ける状態は、子供にとって快適です。与え続ける限り、当然のこととして受け取り続け、感謝することもないでしょう。

　その結果、物の不足を自分の工夫で補ったり、自分の努力で手に入れたりということがなくなります。我慢や忍耐も学べず、充足の喜びを知る、という体験もできません。自分にとって本当に必要な物、価値ある物は何なのかという判断をくだす能力も育ちません。常に新しい物・流行の品物に囲まれていなければ満足できないという状態になってしまうかもしれません。

　幼い頃の子供の要求に応えるのは金銭的にも大した負担ではないから、無制限に応じていると、成長とともに要求も大きくなっていきます。そこで親が渋り始めたとき、「学校へ行かない」「勉強しない」などの脅しによって言うことをきかせるという経験をしていくならば、それが生き方に影響していきます。

　最近のストーカーや、男女交際の別れにまつわる事件など、相手の気持ちを無視した自分中心の「あきらめの悪さ、我慢のなさ」「しつこさや脅し」で自分の思いを通そうとする生き方の、原点にあるものではないかと思います。

　子供の成長とともに「何が一番必要か自分で選ばせる」「絶対に必要な物かどうかを考えさせる」「自分で手に入れる体験や努力をさせる」ことが必要です。不足し、求めるところに親子の間に会話と対決が生じ、受容と制限が生まれていきま

2 人間関係に生かすカウンセリング

す。「選ぶこと」「我慢すること」を身につけさせる大切な機会だと考えましょう。このトレーニングが不足すると、大人になったとき、計画性もなく欲しい物は何でもローンですぐ手に入れるという生活スタイルにつながっていきかねません。

　求めた物は全て簡単に与えられる……そのような生活体験の繰り返しからは、選ぶ力も忍耐我慢の力も身につきません。自分の思い通りにならないことがあるということが学べなくなります。

　もちろん、物はただで手に入るわけではありませんから、それを買うために両親が働くということもあります。子供は、親と過ごす時間と引き替えに、たくさんの物を与えられているとも言えます。子供にできるだけ不自由をさせないように、肩身の狭い思いをさせないようにと、十分に物を与え続けることは、親の愛情の証明にはなりません。特に、子供と過ごす時間が十分にとれないことや、子供に受容や共感を十分表現できないことの代償として、必要以上に物を与え続けることは間違いです。愛情不足や、愛情欲求を埋めるものは、精神的な受容や共感でしかあり得ないのです。
　「与える保護」について、もう少し考えてみましょう。
　成人し、社会人として働いているにもかかわらず、何歳になっても親と同じ家に住んで、日常生活のほとんどを親に頼って暮らしているという未婚の男女が増えています。結婚して家庭を持ち、大きな社会的責任を背負って暮らしていくよりは、親の庇護のもと、いつまでも精神的に「子供」として、

気楽に生活していく方が楽しいのでしょう。経済的に自立できるめどはついたとしても、精神的に自立できていない大人子供の若者たちです。
　保護の姿勢の中にどんな問題点があったのでしょうか。

　「保護」の姿勢の中で、親が子供に対して「自分でさせてみる」ことが不足するなら、それも大きな問題となります。

　例えば、入浴について考えてみましょう。
　乳児のときは、もちろん全て親が面倒を見ています。しかし、幼児になると少し親の手を離れて自分で身体を洗いたがるようになります。ところが、自分で洗わせてみると時間はかかるし、そのくせ不十分で後かたづけにもかえって手がかかります。ここで手間を惜しんで、まだまだ無理だと決めつけ親が洗い続けてしまうと、子供にとってそれは当然のこととなり、いつまでたっても「自分でしてみる、その結果、自分でできた」という喜びと達成感を持てなくなります。
　これは入浴だけに限ったことではありません。日常のあらゆる生活場面の中で見られがちなことです。「自分でしたい」という子供の、自立への芽を親が自分の都合で、摘んでしまっていると言えます。そういうことの繰り返しの結果、かなりの年齢になっても、既に自分でできるようになっていることを相変わらず親に頼り、親にさせているという状態が続いていくことになります。親も、自分が甘やかしたり面倒を見すぎたりしていることに気づきながら、「うちの子はいつまでも幼くて」「心配だから、頼りないから」と世話を焼き続けま

す。大人の親と大人の子供が、互いに不必要にもたれ合った親子関係です。過保護といわれる状態です。

与え続ける保護は、決して子供の自立心を育てることにはなりません。

---

3 「子供にとって必要な干渉と不必要な干渉（過干渉）はどう区別できるのでしょう」
「しつけが虐待にならないために心がけるべきことは何でしょう」

干渉には二つの側面があると言えます。

一つには、「教え、しつける」ための、正当な干渉です。

一つには、「押しつける」だけの、不当な干渉です。

まず、「教え、しつける」ための干渉について考えてみましょう。

子供が将来、仲間集団に入ったとき、自分勝手な行動で周囲をかき乱したり、集団生活に適応できなかったりすることのないように、あるいは、社会に受け容れられ自立して生きていけるように、人としてのマナーや社会的ルール、生活上のきまりや約束ごと、役割分担などを、子供の成長発達に応じて教えていくことが必要です。

「教え、しつける」干渉は、子供が社会で生きていくために必要なことを身につけさせていく大切な作業です。保護することから

結ばれた親子の絆と信頼関係のもとに、幼いときから積み重ねて繰り返し教えていくものです。

　ここでは次の三つに絞ってまとめておきましょう。
　「食べること」。
　食べ残しをしない・食べ物を粗末に扱わないことをしっかり教えます。
　これらは、ものを大切に扱い、無駄をしないという姿勢につながるものです。それを生活の基本である「食べる」機会を通して身につけさせます。
　「寝ること」。
　子供の年齢に応じた就寝時刻を決め、それを守らせます。
　学校に行くようになってから、朝起きられないで遅刻する子供は必ず夜更かしをしています。そこから生活のリズムが乱れ、体調も心のバランスも崩していきます。基本的生活習慣の第一歩は、十分に睡眠がとれるよう、決まった時刻に寝ることです。そして、そのことは時間を守る・約束を守るという姿勢につながるものです。
　「話すこと」。
　自分の体験したこと、感じたことを言葉にして話す力を育てます。
　そのためには、その日一日にあったことを子供からゆっくり聞いてあげる時間を持つことです。聞いてもらえる体験から、子供は話す力を身につけていきます。始めは、その日の具体的な出来事から、次第に、抽象的な自分の心の動きや感情などまで、言葉で表現できるようになっていきます。それ

は言葉に出来ない怒りや憎しみを抱えて、あるとき突然爆発するという事態を防ぐことにもつながります。

そして、「話すこと」には「聞くこと」もついてきます。自分の話をじっくり聞いてもらうと同時に、相手の話もじっくり聞いてあげるということの大切さも教えます。そして、成長に応じて正しい言葉使い、話し方のマナーなども教えます。

これらのほかにも、様々なルールや約束ごとを教えていく必要がありますが、このような「教え、しつける」作業というのは、子供が小さければ小さいほど、親にとっては比較的行いやすいものです。小さい子供にとっての親はまだ絶対的な権力者ですから、理屈はわからなくとも、とりあえず親の言いつけとして守らなければならないという気持ちがあります。年を経るにつれ、このような親の干渉に子供が反発してくることも増えてきますから、少なくとも日常の生活習慣などに関する決まりごとなどは、できるだけ、子供の小さいうちに、自然な習慣として身につけさせてしまうべきでしょう。

どのようなしつけも遅すぎるということはありませんが、遅くなれば遅くなるほど、子供の身につきにくくなるということは言えるでしょう。また、「教え、しつける」ということは、大変根気のいる作業です。日常のあらゆる生活場面の中で、子供とかかわりながら身につけさせていかなければなりません。

「教え、しつける」のに大切なのは「余裕を持つ」こと、子供の動作には時間がかかるということをしっかり念頭において「焦らず待つ」こと、根気を持ってあきらめないことです。

食べ残しをしないように一生懸命食べようとしている子供のそばから、「早く、早く」とうるさくせかせれば、子供は、食べた方がよいのか食べずに終わらせる方がよいのか、わからなくなってしまいます。子供が、言いつけを守ろうとして頑張っているときは、焦らず見守ってあげることが大切です。
　また、教えても教えてもなかなか決まりや約束を守れない、ということももちろんあります。あきらめずに教え続けましょう。「今すぐにできなくても、そのうちできるようになる」と信じて教え続けることです。どうせできないと決めつけてしまうのは禁物です。
　言わなければできないと決めてかかって、子供が何をしようとしているかを見る余裕もなく、次々と口やかましく指示したり怒ったりしていると、子供は萎縮してしまいます。結局、自分で考えて動くことを止め、親の指示を待ってその指示通りに動くことしかできないようになってしまいます。その結果、「うちの子は頼りないから」と、さらに口やかましく、あれこれ言い続けることの繰り返しになります。
　そのままで思春期になると、子供が強く反発してきて親子関係が大変難しくなってしまうか、子供が無気力になってほとんど自発的には動けなくなってしまうことも多いのです。親の「過干渉」がもたらした深刻な状況と言えます。
　また、親が「教え、しつけている」つもりで、子供の発達段階も考えずに思いつきや気分次第でいろいろ要求したり叱ったりしている場合があります。もちろん「焦らず待つ」余裕もなく、子供の失敗に対してすぐに怒りを爆発させます。

そして、激しい言葉や暴力で子供を傷つけます。子供はどんどん萎縮し、さらに失敗を重ね、暴力を受けます。それが典型的な「虐待」の形です。しつけをする中で、自分の思い通りにならない子供に我慢ができずにすぐ暴力をふるい、あとで罪の意識にとらわれるものの、カッとなるとやはり同じことを繰り返してしまう、そういう未成熟な精神状態のままの親の場合もあります。また、自分の欲求不満やイライラを子供にぶつけているだけという、しつけの意識も全くない場合もあります。いずれにしても、子供は心に深い傷を負います。

親の真剣な気持ちの表現が体罰になってしまうこともあり、それを全て否定はできません。そこには、親の祈るような願いや悲しみや苦しみを伝えたいという強い思いがあるはずです。虐待の暴力には、その瞬間ただひたすらの「怒り」や「憎しみ」だけに満ちた心があるのです。

子供が成長して、虐待した親に対し反発・反撃し、親を乗り越えて飛び出していける場合は、救いがあります。問題になるのは、虐待された子供が「自分が悪い子だから親に愛されず暴力をふるわれる」というように思いこんでしまうことです。その思いに縛られて「罪の意識」にとらわれ、社会や人に対して対等な気持ちで接することができず、自分を無力で卑屈なものとしてとらえ続けてしまいます。

そして、その悲しさや怒りや不満は、自分より弱い、自分と同じ罪や弱点を持っているはずの自分の子供に向けられてしまうこともあります。そのような親子関係の持ち方しか学

んでいないのだと言えるでしょう。

　次に、「押しつける」だけの干渉について、考えてみましょう。

　親一人一人には、それぞれの「価値観」があります。

　幸せとは何か。人はどのように生きるべきか。人の心はどうあるべきか。このような、人の生き方や幸せの意味、お金への比重のかけ方、など、人が人として生きていく上で大切にしなければならないものの考え方に関して、それぞれの思いがあります。それを「価値観」と呼びます。

　親が子供を育てるのに、自分自身の価値観に基づいて、教え、語るのは当然のことです。「おまえの親の信念はこうなのだ」という毅然とした態度が、子供に、親への信頼と畏怖を育てるとも言えます。

　しかし、その親の価値観が、社会的にあまりに偏り狭いものであったり、余裕のないせっぱ詰まった生き方を子供に強いるものであったりした場合はどうでしょう。

　自分の価値観だけを信じて他の可能性を見ようせず、「これしかない」というあとさきのない迫り方で子供の生き方を決めつけるのが「押しつけ」の干渉です。

　これを代表するものが、「お受験」という言葉で表される親の過剰な進学熱です。小学校入学以前から塾へ通わせ、有名私立中学・高校、そして一流大学一流会社に入れなければ幸せにはなれない、という「すり込み」をするものです。親自身がそのような偏った価値観をいつの間にか「押しつけ」ら

れてきたのだとも言えます。「子供はまだ何もわかっていないので、親が考えてあげている」「本人がいやがっていないので」というのが親の言い分です。

しかし、子供の心の発達段階に照らし合わせて考えてみたとき、3歳児が、有名私立幼稚園に入園のため塾でトレーニングするということが、本当にその子供の健全な心の育ちに寄与するのでしょうか。砂場や野原での目を見張るような発見、色々な環境で育った仲間たちとのふれあい……様々な体験を通して、知り、感じ、学んでおくべきことがあります。

それらの大切な時間と機会を失ってなお、それに勝る幸せが有名学校にあふれているのだという「押しつけ」を、一度疑ってみることも必要ではないでしょうか。

子供が挫折したり限界を感じたりしたときに救いをなくさせてしまうような、あるいは、子供の人生の選択の幅を狭いものにしてしまうような価値観の押しつけは、決して子供の幸福にはつながりません。自身の価値観に基づいた信念のある子育ては大切ですが、時として、それが子供に過剰な負担を強いていないか、子供にとってより良い道はないのか、チェックしながらふりかえってみることが必要です。

---

4 「良い子の息切れとか、ひきこもりはどうして起こるのでしょう」

押しつけるだけの干渉について、もう少し考えてみましょ

う。

　弟や妹が生まれたとき、子供に「あなたはおにいちゃんだから」「もうおねえちゃんだから」と教え聞かせるのはよくあることです。子供の自覚を促したり励ましたりする意味において、それは大切なことだと言えます。おにいちゃん、おねえちゃんとしての新しい立場や役割は、思いもかけない成長と進歩を子供にもたらすものです。

　しかし、おにいちゃん、おねえちゃんとしてのしっかりした「良い子」の役割だけを親があまりにも期待しすぎると、それは知らず知らずのうちに、子供にとって大きな重荷や負担になっていくおそれがあります。

　また、親自身が非常に情緒不安定であるため、家庭生活を維持していくには、子供の側がしっかりせざるを得ないという家庭の場合、あるいは、夫婦の仲が険悪で子供がわがままを言ったり甘えたりしている余裕がなく、おとなしく振る舞わざるを得ないという家庭の場合など、それは、「手のかからない、問題のない、親にとってあつかいやすいいい子」の役割を、親の都合と事情で一方的に子供に押しつけている状態であると言えます。そのような押しつけもまた、子供にとっては、大きな重荷や負担です。

　「良い子」の役割を押しつけられた子供が、長年その役割を忠実に引き受けているうち、もうこれ以上は引き受けきれないという限界に達することがあります。それが「良い子の息切れ」です。

　弟や妹の面倒をみなくなる、家事をしなくなる、学校へも

行かなくなる、など、まさに、ガソリンが切れ、エネルギーが切れ、息が切れた状態です。

自分も甘えたい、わがままも言いたいという欲求を抑え込み、親の期待通りの「良い子」であり続けようとしてきた子供ほど、大人を目前にした思春期にさしかかって突然、このように息切れた状態になります。「自分も甘えたかった、わがままも言いたかった」という心の表れだとも言えます。

そういう子供に対して、「おまえだけは信頼していたのに」「裏切られた」と怒って責めたてるべきでは決してありません。それは、息切れして倒れている子供を無理矢理引き起こし、またすぐに走らせようとするのと同じことです。「よく頑張ってきたね。大変だったね。おまえも大切な子供だよ。ゆっくり休んでいいよ」そのような気持ちを十分に表現し、受け止めましょう。休ませてあげれば息切れは治ります。治れば再び、自分で歩き出すことができます。

親の過剰な期待や過干渉に応じて精一杯走ってきた子供の息切れと、過保護による未成熟が複雑に絡まり、自分の中に完全に閉じこもってしまった状態が「ひきこもり」です。

「ひきこもり」には、気楽にのんびりという雰囲気がありません。緊張、怒り、孤独感などが強く漂っています。特に感じられるのが、人とのかかわりへの拒絶感です。しかし、彼らは自分から世間や人とのかかわりを拒絶しているというよりは、自分が世間や人々から拒絶されていると感じているのだと言えます。

密着した親子関係の中で守られ与え続けられ育った子供にとって、自分の家庭とは比べものにならないほど制限や我慢の多い、居心地の悪い社会や他人とのかかわりは、とても厳しいものです。人との距離の取り方や付き合い方が不器用で、人間関係の持ち方にも不安を感じています。

　そういう彼らを支えているのは、親から与え続けられる保護と、その見返りとして親からの過剰な期待に応えているという満足感です。しかし、親の期待や要求に応じる形で入った学校や会社の中で、さらに続けて期待通りの成績を収め続けられないと感じたときには、支えを失ったと感じます。自信を失い、親を裏切ったと思い、周囲からの強烈な孤独感を覚えます。完全にできなくてもそれなりの成績でいいじゃないかという柔軟性がありません。全ての努力を放棄してしまいます。そして、社会から拒絶されたという思いを持って、自分の世界に閉じこもってしまうのです。

　長い閉じこもりの中で、自分に向けられていた失望や怒りは、そういう自分に育てた親に対してぶつけられていきます。さらに、自分を拒絶した社会へと怒りや不満が鬱積していき、突然自分より弱い者への攻撃となって表れたりすることもあります。

　そのようにならないことが必要です。

　「ひきこもり」の中で、自分や社会への失望と怒りをふくらませていくのではなく、自分の本当の力や姿や願いを見つめ直し、生き方を考える期間にしていくことです。

親は、どのような自分でも受け入れ愛してくれるのだと感じられる。自分と同じような人がいることを知り、つながりを持つ機会が得られる。自分にはこういうことができる、人の役に立てる、人から必要とされるということに気づく。幸せは一つの形だけでなく、いろいろな人がいろいろな形で幸せを感じているということを知る。それらのことが、再び第一歩を踏み出していくきっかけを与えてくれます。直接に人とかかわるということが難しければ、インターネットなどを利用した外部とのつながりの回復という手段もあります。もちろん、それも親が教え、与えるという形ではなく、周囲からの情報や助言から、本人が選び決定していくべきことです。

---

5 「子供を信頼して任せていく中で、心がけることは何でしょう」

　「子供に任せる」という親の姿勢が、子供の「自分で考えよう」「自分で生きていこう」という力を育てることにつながる、と先に述べました。
　子供に任せる「任せ方」に2種類の形が考えられます。
　一つは、子供の力や判断を信じて「見守りながら」任せている形です。
　一つは、子供の力や判断に大して興味もなく、「見放して」任せている（好きにさせている）形です。
　前者が「信頼」、後者が「放任」です。

子供がある程度の年齢に達してきた頃には、子供の自立に向けて、思い切って子供に任せてみるという姿勢をもつことが、大変重要です。

　子供の力や判断を信じるということは、親にとってなかなか難しい勇気のいることです。大人の目から見て、子供の力や判断力はいつまでたっても、おぼつかない、あてにならないもののような気がします。それでも、いつまでも任せることを避けていると、子供は、何歳になっても自分自身の判断で動けない、常に親の意見と意向にお伺いを立てながらでしか行動できない、「指示待ち」人間になってしまいかねません。
　子供の判断が妥当で、親としても大人としても容認できるものになっているかどうかということは、これまでの育ちの結果の表れだと言えます。正しい判断を下せるだけの、知恵と知識と感性をこれまでに養ってくることができたかどうか、親自身が試されているのだとも言えます。
　子供の判断を信頼するということは、自分の子育てを信頼するということにもつながります。
　しかし、ここでも忘れてならないことは、前にも述べた「子供の成長に応じて次第に」信頼していくということです。

　発達段階によって、子供の判断能力は異なります。全面的には任せることのできない年齢というのが、無論あります。

　ある雑誌にこんな記事がありました。不登校児の親の会の

代表の方が書いておられた記事です。

「私の子供は、学校へ行かないで生きるという道を選択しました。私は自分の子供の選択を信頼して、支持しようと決めました」

確かに、これは親としての判断の一つです。必ずしも間違っているとは言えません。しかし、その子供の年齢が、小学校1年生であるとしたらどうでしょう。「選択を信頼して、支持しようと決め」ることが、果たして妥当と言えるでしょうか。

そして、この記事の子供が学校へ行かない道を選択したのが、まさに、小学校1年生の4月だというのです。子供の「選択」に、親が「信頼」という言葉をかぶせて、ただ、子供から学校生活への道を奪ってしまっただけのように思えます。

学校は、子供にとって社会生活の第一歩です。その第一歩を歩き出すときつまづいたとしても、ゆっくり起きあがらせ、ゆっくり歩かせ、ゆっくり行かせてあげる。子供の心の成長を「信頼」し、励まし時には休ませ、寄り添い、共に学校生活の道を歩いてあげる。行かない選択を支持することよりも、一層手のかかる道です。しかし、その苦しい困難な道を一緒に歩いてあげることができるのは、親の他にはありません。

信頼ということについて、もう少し考えてみましょう。

「私は自分の子を信じている」「子供の判断を信頼したい」……そういう言葉を親から聞くことはよくあります。多くの場合、それは、子供を勇気づけたり励ましたり、前向きで自立的な方向へ導く働きをするものです。

しかし、中には、そのような成長をかえって妨げる方向で

使われてしまっている場合があります。

　例えば、子供の行為について他人から問題を指摘されたとき、子供や親自身の誤りを正面から見つめることをせず、責任逃れをするため「信じている」と言っているに過ぎない場合です。

　これは、子供の責任を曖昧にし、子供にとっても自分のしたことへの善悪の判断を混乱させます。自分が悪くても強引に認めないで済ませてしまうという姿勢も学ばせます。

　子供の行為について他人から問題を指摘されたときは、防衛的になったり感情的になったりせず、行為の是非については冷静に判断していくことが必要です。

　自分の子供に非があるのであれば、「したことの悪い点については悪いと認める。本人に責任もとらせる。それでも、大切な自分の子であることは間違いない。親として、子供と一緒に償うべきことは償いたい」という姿勢が大切です。信頼と身びいきは、別物です。

　子供は、生まれながらにして人としての感情や規範を身につけているわけではありません。親や周囲に「守られ、教えられ、育てられる」ことで、次第にそれらを学び、身につけていきます。また、その育ちと能力に応じて期待し、信頼し、任せていくことで、さらに前向きに自立的に成長もしていけます。

　しかし、何の期待もかけず、信頼もせず、「どうせできない」という見方でいつまでも親が接していると、どうでしょう。

子供は次第に「やる気」をなくしていきます。逆に、「これくらいはできるはずだ」とあまりに高い期待を持ちすぎるとどうでしょう。これは、子供に大きな負担を強い、限界に達したとき突然全てを投げ出す「息切れ」（前出）の状態を招くおそれがあります。

　子供が努力すれば何とか届きそうな期待をし、それを成し遂げる子供自身の力を信頼し、見守ることが大切です。

　そのためには、日頃から、子供の興味や適性、力などをよく理解しておくことです。それまでの、十分に「守り、教え、育て」てきた過程の中で、子供への客観的な理解を深めておきます。集団の中での子供の様子や、学校生活での様子など、家庭の外での子供の姿を見ることのできる機会を数多く持っておくことも必要です。地域の子ども会活動やＰＴＡ活動などに参加していく意味は、そこにもあります。

> 6　「放任の子育ては、子供にどういう影響を与えるのでしょう」

　同じ「子供に任せる」姿勢でも、子供の成長や生活態度に親の興味関心が薄く、世話をすることさえ面倒で、子供の「好きにさせている」という状態が「放任」です。あるいは、親が仕事や自分の生活に忙しいため子供にかかわっている時間

が極端に少なく、その結果、子供が好きにしているという状態も、放任と言えます。子供は、信頼され任されているのではなく、単に「見放されている」だけに過ぎないのです。

　子供にとって、親が自分に注目してくれないというのはとても寂しいことです。また、見守られていないのは不安なことです。見てくれていないということは、愛情を感じられないということにつながります。その結果、次々と問題を引き起こし、親の注目を無理にでも引きつけようとしたりします。家の中で問題を起こすことに始まり、次第に、家の外でも問題を起こしてくるようになります。外部の人から、自分の親に向かって「もう少し子供のことに関心を持ってかかわらないとだめですよ」と言ってもらいたいかのようにです。

　幼い頃から親にかまわれず放りっぱなしにされた子供というのは、人見知りせず、他人の気持ちを引きつけたり注目されたりするような行動をする場合が多いようです。また逆に、どこかしら人を寄せつけない雰囲気を身につけている場合もあります。

　どちらにしても、親から十分に受け容れられているという経験や安心感が少ないため、人間に対する基本的信頼感が育っていないことの現れです。その結果、基本的に人を信じたり頼ったりすることなく、自分の力を頼りに生きていこうとする姿勢が早くから身に付いていく傾向があると言えます。

　同時に、共感性に乏しく、平気で人を裏切ったり傷つけたりできる「反社会」傾向も強まります。

**　放任の子育ては、決して共感的態度の子育てではないので、当然**

のことながら子供にも共感性が育ちません。共感性の低さが「反道徳」「反社会」傾向へとつながっていきます。

　このような子供たちは、誰か立ち直りのきっかけを与えてくれる人物に出会えない限り、どんどん利己的で攻撃的な傾向を強めていきます。他人から注意されたり叱られたりしても、相手が弱ければ反発し、強ければ表面だけの反省をします。嘘も多くなります。そして、同じことを繰り返し、より巧妙により大きな問題を起こすようになっていきます。
　それでも、親は親としての責任を放棄している場合が多く、自分の態度や姿勢を変えて子供とかかわろうとはしません。結局は、社会そのものにつけが回っていくことになります。見ず知らずの何の落ち度もない他人が大きな被害をこうむることにもなりかねません。放任というのは、無責任で無反省な子育てです。
　そういう子供に立ち直りのきっかけを与える人物というのは、その子供のことを本気で心配し、叱り、励まし、信頼し、あきらめずかかわろうとする人です。本来は、親がすべき仕事です。そういう人に、子供の人生のいつ、どこで、巡り会えるかが、その子供の一生を左右します。
　一見、子供にかまっているようには見えるけれども、その実、子供にとっては見放されているに等しいという放任の形もあります。
　子供を親の遊びに無理矢理つき合わせる場合などが、それに当たります。
　乳幼児を連れた深夜のディスコやディスカウントショッ

プ、車に置き去りにしての親のパチンコ、真夏の海水浴や移動の多い旅行に、寝ているだけの乳児を連れて行く、など、親自身が、子育ての一定期間にするべき我慢をできていないのです。不要な我慢を子供の側に押しつけているのだと言えます。

　それは、社会に出て自立できる大人に育てるための「しつけ」とは違います。「正しいことかどうか」という基準から外れ、一貫性もありません。子供にとって、納得できたり、ルールやマナーとして身につけていけるものでもありません。子供に、規則正しい食事や睡眠などという基本的な生活習慣が身につくはずもありません。「不満」と「あきらめ」が育ち、「自分本位の生き方」を学ぶだけです。

　親が自分の楽しみや都合を優先させ子供に我慢を強いることは、広い意味での放任と言えます。

---

7 「現代の子育てにおいて、重要なことは何でしょう」

　かつての日本社会では、今ほど豊富に物がなかったかわりに、大人には子供とかかわれる豊富な時間がありました。子供は家庭や地域で、それぞれ何かの役割を持たされつつ、親の目の届かないところで自由に遊ぶ時間も持っていました。地域社会そのものに、子供を守り育て教える力がありました。大人は、地域のどの子供に対しても、危険に注意を払い、い

ろいろな機会に決まりや礼儀を教えました。子供は、年齢の違う者が集まって遊び、そこでは年上の子が年下の子を、守ったり叱ったりしました。子供は、大勢の大人や子供の中で、いろいろな人の影響を受けながら育っていたのだと言えます。

　それは、群れ社会を作る動物の子供たちの育ち方そのものです。

　例えば、生まれたばかりのサルの子供は、母親が肌身離さず抱きかかえ面倒をみ、子供も母親にしがみついて離れませんが、成長するにつれて子供は、子供の集団の中で遊ぶようになり、群れの大人たちから叱られ守られしながら、社会のルールを身につけていきます。サル社会においては、昔も今も、子供の育ちの形に変わりはありません。

　しかし、現代の私たちの社会は、核家族化が進みました。地域社会のつながりも弱まり、その中で子供は、自分の親の育て方の影響だけをとりわけ強く受けるようになっています。特に、母親の育て方の影響を強く受けています。

　母親の不安感や孤独感が強い場合、母親が自分の愛情やエネルギーや夢の全てを、一人の子供にそそぎ込んでいくことがあります。そして、強い母子密着の子育てをします。社会や他人とのかかわりを持とうとせず、母と子二人が中心の生活の中で、精神的に孤立して暮らしていきます。動物の中で言えば、キツネ型の子育てです。

　キツネは群れを作らず、母子を中心とした単位で子育てをします。母親は子供を守り、子供に与え、生きる手段を教えます。

その中で、子供は自分から自然に独り立ちをしていくのではありません。子供が一定の年齢に達したとき、母親の方から一方的に絶縁宣言をするのです。
　それは、ある日突然、子供を激しく嚙むという行為で表現されます。嚙まれた子供は驚いて逃げ出しますが、すぐに巣に戻ってきます。しかし、母親は巣に戻ることを許しません。二度と戻らなくなるまで、子供を嚙み続けます。そうして、キツネの子供は母親から、自立を強制されていきます。密着して育てた子供の強い依頼心を断って独り立ちさせるには、それほどの激しい決断と意志が必要なのです。
　キツネは、群れ社会の中で他のキツネとの関係を作って生きていく必要がありません。しかし、人間は社会とのかかわりなしに生きてはいけませんから、母子密着の生活の中で、人とかかわる力や手段を持たずに育った子供にとって、それは大きなハンディとして背負っていかねばならないものとなります。
　現代社会では、そういう密着型だけでなく、甘やかしや無関心など、偏った子育てをしているケースが増えています。密着し、過保護に育てられたことによって人とのかかわり方がわからず、社会に踏み出すことに不安を感じてひきこもってしまう子供もいます。
　また、甘やかされたことで自己中心的に育ち自分勝手な行動によって周囲をかき乱し、集団生活に適応できない子供もいます。それらは、家族とのかかわりだけの生活から、学校などの集団生活に入っていって初めて見えてくることです。

② 人間関係に生かすカウンセリング

　子供の集団生活の中での姿を見ながら、子育てについて振り返り、発達段階に応じた保護・干渉と信頼・放任のバランスを考えてみることが大切です。

　自分に対する親のかかわり方に、子供が不満やいらだちを持っているとき、その不満やいらだちがサインとなって表に出てくることがあります。
　ただのわがままとは異なり、親が不意をつかれて驚いたり、不安になったりするような行為となって表れます。チックの症状であったり、盗みという行為であったり、学校へ行かないという状態であったり、それらは自分に対するかかわり方を変えてほしいという子供の訴えであることが多いのです。
　「ずっと厳しくうるさく干渉されて、もう神経が疲れてしまった」「もっとかまってほしい、もっと抱きとめてほしい」そんな、子供たちの悲鳴であるかもしれません。しかし、そういう心の声に耳を貸さず、表面の行為だけにとらわれて問題解決を図ってしまうことも多いのです。説教をしたり、理屈でごまかしたり、力づくで押さえ込んだりして、表面的に解決しようとするのです。
　子供が小さければ小さいほど、それで一見、問題は解決したと思えることもありますが、子供の心の中のイライラや寂しさは残ります。そのことをきっかけに、親が子供とのかかわりを見直してみることがなければ、思春期になって、再びもっと大きな爆発をすることになります。そのときには、もう説得や力づくではどうしようもない事態になっているでしょう。親は、子供とのかかわり方を見直さざるを得ないよう

になります。

　過保護・過干渉で育てられた子供が、もうこれ以上親の言う通り期待する通りには生きられない、と不登校になって自分の中に閉じこもってしまった場合、あるがままの子供の姿と行動を受け容れ、子供が自分で動こうとするまで待つことが必要になります。

　甘やかされ、何不自由なく育てられた子供が、わがままの延長として学校へ行かずに、自分のしたいことだけしかしないようになった場合、「学校へ行くか、働いて自分の力で生きていくか」親が本気で対決することが必要になります。保護・干渉と信頼・放任のバランスや、甘さと厳しさのバランスを転換し、子供とかかわるということです。

　思春期に問題を先送りすることなく、小さいうちから子供のサインを見逃さず、子供とのかかわり方を夫婦で見直したり語り合うことが重要です。

　子供と親のかかわりも、結局は人と人とのつきあいです。人とのつきあいにおいては、そのノウハウを本で学ぶより「かかわろう、知ろう」という気持ちが大切です。親子においても「子供とかかわろう、子供のことを知ろう」という気持ちが、まず大切です。その思いは「言いきかせる」ことより、まず「耳を傾ける」「共感する」ことから表現されていくのです。

　最後に、子育ての流れを振り返っておきましょう。

乳児の頃は、親は心と時間を十分に使い（自分の時間や生活が全て奪われるように感じても、その状態はいつまでも続くものではないのだと思って）受け容れ、共感し、守り育てながら、親子の信頼関係、人間への信頼感、心のエネルギーを育てます。そして、子供の発達段階に合わせて「心と時間に余裕を持って」いろいろなルールや約束を繰り返し教えていきます。

　そのルールや約束は、親の勝手な都合による押しつけではなく、子供が社会に出て自立していくために必要なものであることです。そして、選んだり、自分で考えたりする機会を与え、自分でできることは自分でさせていきます。

　手間がかかっても不安があっても任せてみて、それを見守ります。失敗したときには、具体的な助言と励ましを伝えます。うまくいったときには十分にほめてあげます。

　そうして、思春期に入った頃から「子供を信じて、子供に任せる」という幅を、どんどん意識して拡大していくことです。それでも、子供が親に問題を突きつけてきたときには、それまでのかかわり方を見直してみることが必要です。

○「集中できない子ども」の育ちから見えるもの
　　　　　　（発達に障害のない子どもの場合）
・両親がよくけんかをする
・ほめられるより叱られることの方が多い
・親にあまり抱っこされた経験がない
・親によく体罰をふるわれる
・気分次第で叱られることが多い
・家族に話をじっくり聞いてもらったことがない
・家では朝食があまり用意されない
・家族同士であいさつをしない
・お話や絵本の読み聞かせなどをしてもらったことがない
・保護者は入学説明会や研修会などに行かない
・家族での行楽などあまりしない
・高価な物でもすぐ買ってもらえる
・家の中がいつも散らかっている
・テレビがいつもついている
・幼いときから夜遅くまで親と外出することがある

○「迷ったとき」は自分の育ちを振り返ってみる
　自分自身が＜その子どもの年齢＞だった頃
・親からしてもらってうれしかったこと
・親にしてほしかったこと
・親からされて嫌だったこと
・親にしてもらいたくなかったこと

② 人間関係に生かすカウンセリング

○育て方の影響—典型例—

放任　「自分のことは自分でせい」　非行　自立

厳格・過干渉　「ああせい こうせい」　萎縮　反抗

過保護　「いつまでも子どもやから しゃあないね」「よしよし」「困ったもんや」　未発達　こもり籠り

Satani

かかわりを変えるということ

これまでのかかわりが間違っていたというのではありません

兄や妹には良いかかわりであったとしても
いつのまにか　この子には合わなくなってきていた
そういうことです

子どもの成長とともに　作る食事や与えるものも変化するように
かかわりも変化していくものです

その変化が早すぎたり遅すぎたりしたときに　子どものほうから
「ちょっと私へのかかわり方を変えてほしい」
という思いを表現してきます
いろいろな問題を起こしてみせてくれます

心の中にためすぎて病気になってしまう前に
表現してくれるのは　幸いなことです

「大人になる前に　まだまだ抱きしめてほしかった
もっと暖めてエネルギーをちょうだい」
「しっかりした大人になりたいんだから　もっと信頼して任せて」

子どもの声に耳をすませて
これまでの親としてのかかわりをふりかえって
少しかかわり方を変えてみましょう

一度立ち止まった子ほど　歩き出したときには迷わず進む
一度親に噛みついてきた子ほど　親孝行になる
どんなに目の前真っ暗と思っても　一歩一歩踏み出していれば
「もう知らん。出て行け」と投げ出さなければ
いつか必ず　笑って思い出せる日が来る

それは間違いなく　私たちが実感してきたことです

<著者紹介>
佐谷　　力（さたに　つとむ）
常磐会学園大学国際こども教育学部教授。学校教育相談。
大阪府立住吉高校、和歌山大学経済学部卒業後、カネボウ化粧品株式会社に入社。その後、小学校教諭を経て大阪府立高校教諭となり、各校で教育相談室を開設。
2000年、論文「子供の躾に生かすカウンセリングの考え方」により、公共政策調査会主催「子供の躾を考える」論文コンクール最優秀賞、2002年、論文「生徒支援の一つの形としての『カウンセリング講座』の取り組み」により、第51回読売教育賞「教育カウンセリング」部門最優秀賞などを受賞。
府立松原高等学校教頭、大阪府教育センター教育相談室長、学校経営研究室長を経て、2009年より現職。

子供とのかかわりに生かすカウンセリング・テキスト

2000年6月16日　初　版
2019年9月10日　第12版

著　者　佐谷　　力
発行者　小林　敏史
発行所　ほんの森出版株式会社
〒145-0062　東京都大田区北千束3-16-11
☎03-5754-3346　FAX03-5918-8146
ホームページ　https://www.honnomori.co.jp

印刷・製本所　研友社印刷株式会社

Ⓒ　tutomu SATANI 2000
＊広報や研修の資料としての転載・複写はご自由です。
落丁・乱丁はお取り替えします
ISBN978-4-938874-15-5　C3037